Oldenbourg Interpretation
Band 66

Bertolt Brecht

Mutter Courage und ihre Kinder

Interpretation von
Edgar Hein

Oldenbourg

Inhalt

Vorwort *7*

1 Biografische und werkgeschichtliche Hintergründe *9*
1.1 Der Protest gegen die Augsburger Provinzialität *9*

2 Der Kampf um einen neuen Bühnenstil *11*
2.1 Fehling, Jessner und Piscator als Vor- und Gegenbilder *11*
2.2 Marxistische Studien und der Stil der Neuen Sachlichkeit *13*
2.3 ›Misuk‹ statt Musik – Die Zusammenarbeit mit Kurt Weill, Hanns Eisler und Paul Dessau *14*
2.4 Das Team Brecht/Neher/Engel *16*
2.5 Das chinesische Vorbild *17*

3 »Mutter Courage und ihre Kinder« als Muster epischer Theaterkunst *20*
3.1 Grundzüge der epischen Dramaturgie Brechts und ihre Entwicklung *21*
3.2 Die ›Courage‹-Fabel – Quellen und Abwandlung *23*
3.3 Handlung und Handlungsform *24*
3.3.1 Zwölf Jahre – zwölf Bilder *25*
3.3.2 Kontraste und Parallelen *27*
3.3.3 Der ›Chronik‹-Stil *32*
3.4 Die Sprache der Courage *34*
3.4.1 Sprachliche Verfremdungen *36*
3.4.2 Szenische Verfremdungen *38*
3.4.3 Verfremdung durch Songs und Musik *44*

4 Rollencharaktere und Sozialtypen *49*
4.1 Geschäftsfrau oder ›Muttertier‹? – Die Courage *50*
4.2 Die Verführung zur Güte – Kattrin *55*
4.3 Die Verführung zum Heldentum – Eilif *58*
4.4 Die Verführung zur Redlichkeit – Schweizerkas *61*
4.5 Kontrastfiguren *63*

5 Vergleichende Analysen der Szenen 1; 5; 12 *70*
5.1 Szene 1 *70*

5.2 Szene 5 74
5.3 Szene 12 76

6 Zeitbezug und Rezeption 80
6.1 Der Dramatiker im Exil 81
6.2 Die Adressaten der Entstehungszeit 82
6.2.1 Die skandinavischen Länder 82
6.2.2 Die Reaktion des Züricher Publikums von 1941 84
6.3 Marxistische Rezeption 85
6.3.1 Der Realismus-Streit von 1938 85
6.3.2 Die inszenierte ›Kritikerschlacht‹ –
Berliner Rezensionen von 1949 87
6.3.3 Der ›Formalismus‹-Streit 89

7 Filmprojekt und Verfilmung 92
7.1 Das Drehbuch von 1955 93
7.2 Die Verfilmung von 1960 95

Unterrichtshilfen
1 Phasen der Brecht-Didaktik 97
2 Unterrichtsmethodische Möglichkeiten 98
3 Unterrichtsreihen 99
4 Unterrichtssequenz 100
5 Tafelbilder 108
6 Klausurvorschläge und Referatthemen 111
7 Materialien 113

Anhang
Anmerkungen 120
Literaturverzeichnis 123
Zeittafel zu Leben und Werk 127

Vorwort

MUTTER COURAGE UND IHRE KINDER kam zu spät. (BRECHT, 1953). Geschrieben 1939, an der Schwelle zum Zweiten Weltkrieg, sollte das Stück nach BRECHTS eigenem Bekunden seine skandinavischen Gastgeberstaaten warnen auf Kriegsprofite durch Materiallieferungen an Hitler zu spekulieren. **Ich mag darin naiv gewesen sein, aber ich halte es nicht für eine Schande, naiv zu sein.** (in: *Politiken*, Kopenhagen, 7. 10. 1953) *MUTTER COURAGE* ist also konzipiert als ein Stück engagierter politischer Literatur, zielend auf eine ganz bestimmte Wirkung in einer aktuellen historischen Situation. Diese Wirkung hat es verfehlt. Die Züricher Uraufführung von 1941 war ein Theatererfolg, aber die politische Absicht wurde nicht verstanden.

Mit der Berliner Erstaufführung im Januar 1949 wollte BRECHT seine Warnung an einen anderen Adressaten mit veränderter politischer Zielrichtung wiederholen. Er sah damals den Ausbruch eines dritten Weltkrieges auf deutschem Boden als reelle Gefahr. **Der Erfolg des Stücks war zweifellos groß,** schrieb er, **aber ich glaube nicht, daß Berlin – und alle anderen Städte, die das Stück sahen – das Stück begriffen.** (a.a.O.).

Die resignativen Äußerungen des späten BRECHT über seine *MUTTER COURAGE* waren tiefer motiviert als in politischer Enttäuschung. Die szenische Montagetechnik, die er gerade in diesem Stück mit dem ganzen dramaturgischen Raffinement seiner Theorie vom *epischen Theater* exemplarisch verwirklicht hatte, war für den Dichter ein formales Experiment, auf das er große Hoffnung setzte: die Hoffnung auf den kritisch mitdenkenden, nicht dumpf mitfühlenden Zuschauer. Die scharfen Handlungsschnitte und kontrastierenden Verfremdungen sollten im Zuschauer einen Erkenntnisprozess auslösen, der ihn mit logischer Zwangsläufigkeit zum ›richtigen‹ politischen Handeln anleitete. BRECHTS Theater sollte das dialektisch-materialistische Geschichtsbild von Karl Marx vermitteln. Auch diese Hoffnung erfüllte sich nicht. BRECHT geriet mit seinem Experiment in Widerspruch zur damals im Ostblock offiziellen kulturpolitischen Doktrin vom *sozialistischen Realismus*. Die marxistische Rezeption des Stückes war in den fünfziger Jahren kritisch ablehnender als die des bürgerlichen Westens. Ostberliner Kritiker nannten es *formalistisch, volksfremd* und *dekadent*.

Was empfiehlt eigentlich ein solches Stück heute noch als Schullektüre, dessen politische Tendenz überholt ist und das als formales Experiment nur noch literarhistorisch interessant zu sein scheint? **So lange Theater gespielt wird, wird Mutter Courage marschieren, die Zeit überragend wie der Schwedenkönig Gustav Adolf,** schrieb vor knapp dreißig Jahren der dänische Literaturwissenschaftler Harald Engberg. Woraus rechtfertigt sich sein Enthusiasmus?

Die Wirkung des Stückes löste sich schon zu Lebzeiten des Dichters von seinen Absichten. Befremdet konstatierte er bei den Zuschauern einen **eigentümlichen Genuß:** das Gefühl **eines Triumphes über die Unzerstörbarkeit einer lebenskräftigen, durch die Unbilden des Lebens heimgesuchten Person.** (1951) Die Figur der Courage mit ihrer Vitalität, ihrer Gewitztheit, Derbheit und Drastik hat gegen die Absicht des Dichters immer wieder Anziehung statt Abstoßung, Sympathie statt Antipathie, Mitleid statt Verurteilung erweckt. Gegen die Absicht des Autors entfaltete auch der epische Verlauf des Stückes auf seinen Höhepunkten eine eigene dramatische Dynamik, die sich als Sperre gegen die versachlichende Nüchternheit des BRECHT'SCHEN Regiestils erwies. Die sprachliche Gestaltungskraft des Dichters BRECHT war einfach stärker als seine ephemeren Theorien. Sie hat aus einer literarischen Figur eine lebensechte, fast reale Person gemacht, die sich von ihrem Schöpfer emanzipierte und in der literarischen Überlieferung eben das verkörpert, was ihr Name sagt: *Courage.*

BRECHTS Werk erweist seine Zeitbeständigkeit gerade in seiner engen Verhaftetheit an die Zeit seiner Entstehung. In seiner eigenwilligen Weltsicht hat es heute einen solchen Grad der Fremdheit erreicht, dass es wieder interessant wird. Es reizt zu einer kritischen Neubewertung aus neu gewonnener Distanz.

1 Biografische und werkgeschichtliche Hintergründe

1.1 Der Protest gegen die Augsburger Provinzialität

Dann brach die Kompanie im Sturm vor [...] Der Fahnenjunker war ihnen voran [...] Der kleine Fahnenjunker, der in die Schlacht stürzte wie in einen tiefen, rauschenden Brunnen, der seine Jugend schmalbrüstig gegen den Tod warf.
B. BRECHT, 1915[1]

Der Ausspruch, daß es süß und ehrenvoll sei, für das Vaterland zu sterben, kann nur als Zweckpropaganda gewertet werden [...] Nur Hohlköpfe können die Eitelkeit so weit treiben, von einem leichten Sprung durch das dunkle Tor zu reden.
B. BRECHT, 1916[2]

Ein knappes Lebensjahr des Augsburger Realgymnasiasten Eugen Berthold BRECHT liegt zwischen beiden Zitaten; das erste, sprachstilistisch offenbar von RILKES CORNET geprägt, ist einem Beitrag für den *Erzähler*, der literarischen Beilage der *Augsburger Neuesten Nachrichten*, entnommen, das zweite einem Schulaufsatz.

BRECHTS Aufkündigung konventioneller Denkgewohnheiten erfolgte früh und abrupt. Sie ging einher mit der Absage an die mittelbürgerliche Provinzialität der Augsburger Jugendjahre. Sein späterer poetischer Kommentar dazu lautete: **Als ich erwachsen war [...]/Verließ ich meine Klasse und gesellte mich/Zu den geringen Leuten.**[3] Die politische Bewusstheit, die er hier seinem noch ganz unreflektierten Jugendprotest unterlegt, ist allerdings eine Selbststilisierung. BRECHTS Auflehnung hatte zunächst einen orgiastischen, dem Stil seiner derzeitigen Dichter-Idole RIMBAUD und VERLAINE nachempfundenen Charakter. Seine frühe Antibürgerlichkeit war kein politischer Protest gegen die *Klassengesellschaft*, sondern ein jugendbewegter Affront gegen die bürgerlichen Konventionen seiner Vaterstadt.

Kindheit und Jugend in Augsburg, das bedeutete: langweilige Sonntagsspaziergänge im gehassten Kieler Matrosenanzug über die sauber geharkten Wege des Stadtgartens, **die man auswendig kannte**[4], aufgezwungene Klavier- und Violinstunden, familiäre Gehorsamkeitsrituale (**Was auf dem Teller liegt, wird gegessen!**[5]), gefaltete Hände beim Tischgebet, väterliche Zornesausbrüche und die ängstliche Friedfertigkeit der Mutter, Schulverdrossenheit und Prügelpädagogik, aber auch: uniformprächtige Militärparaden auf der Maximilianstraße zum Geburtstag des Prinzregenten, Turnerfeste mit schmetternden Trachtenkapellen, der

Plärrermarkt mit Schiffsschaukeln, Musik und Radau, Schlittschuhlaufen auf dem Stadtgraben und Indianerspiele auf den Höfen der Haindl'schen Wohnsiedlung. Später dann die ersten Ausbruchsversuche und Normverletzungen: die heimliche Pennälerkneipe im Hinterzimmer einer Handwerkerschenke, erste erotische Abenteuer, Despektierlichkeiten gegen Elternhaus und Schule – noch nichts Exzessives, die üblichen Pennälerkonflikte, alles tolerierbar.

Den Rahmen bürgerlich-augsburgischer Provinzialität sprengte erst der frühe Geniekult des erwachenden Dichtertalents, als BRECHT mit dem *BAAL* seine sauf- und liebesgierige Anti-Bürger-Figur entworfen und idolisiert hatte.

Trotz all seiner dem Stil der Zeit gemäßen Bürgerschreckattitüden wird die geistige Welt des jungen Brecht nicht durch die großen literarischen und politischen Strömungen der Kriegs- und ersten Nachkriegsjahre geprägt, sondern durch Augsburg als Gegenposition zur expressionistischen Menschheitsdämmerung.[6] Das Verhältnis des Dichters zu seiner Vaterstadt blieb immer ambivalent; es war von einem verhohlenen Heimweh bestimmt. Der als *Asphaltliterat* Geschmähte bewahrte in sich eine alemannisch-bayerische Bodenständigkeit. Sein intensiv sinnlicher Genuss an Landschaftsreizen und Naturstimmungen wurzelt in den Kindheitsspielen in den Uferauen von Lech und Wertach. In seiner Sprache verleugnete er nie die Dialektfärbung seiner Heimat, ja er verwendete sie als Stilmittel in seinen Dichtungen, besonders in *MUTTER COURAGE*, wie noch gezeigt werden wird. Und im bäuerlichen Umkreis von Augsburg, auf den Einödhöfen des Ried, den Bauernschwaigen, mögen ihm schon früh manche Urbilder seiner Dramengestalten begegnet sein, vielleicht auch das Muster einer bauernschlau verschmitzten, ebenso erwerbsnüchternen wie gefühlsstarken Frauenfigur, nach der er seine Häuslerstochter und Marketenderin Anna Fierling modellierte.

2 Der Kampf um einen neuen Bühnenstil

BRECHT hat Berlin, das kalte Chicago, wie er es nannte, zunächst nicht geliebt. Alle diese Leute schieben einander, schreiben übereinander, beneiden, verachten, verebbeln einander, schreibt er nach Augsburg. Andererseits faszinierte ihn das geistige Kampfgetümmel um Premieren und Pressekampagnen. Ab 1924, nach seiner endgültigen Übersiedlung nach Berlin, kämpfte er mit, erst als verlachter exzentrischer Außenseiter, bald als gefeierter Erfolgsautor. Der Beifall des bürgerlichen Berliner Theaterpublikums, das seine Bühnenskandale als amüsante Sensationen genoss, genügte ihm aber nicht. Er suchte den Zuspruch des revolutionären Proletariats, das sich ihm nur zögernd öffnete.

Die zweite Phase seiner Berliner Theaterarbeit nach seiner Rückkehr aus dem Exil 1948 ließ sich freundlicher an. Im Deutschen Theater empfing ihn der alte weise Bühnenmeister aus der Reinhardtzeit wie einen König (Mat. Mü. 247). Von den neuen Ostberliner Machthabern wurde er wegen seines internationalen Renommees öffentlich hoch geehrt, insgeheim aber wegen seiner unorthodoxen politischen Haltung auch beargwöhnt.

2.1 Fehling, Jessner und Piscator als Vor- und Gegenbilder

Er konturierte pedantisch, mit gehemmt trippelnden Schritten und eng am Körper angepaßten Armen sämtliche Rollen. ›Jeder Satz ist so wichtig wie das ganze Stück‹, betonte er. Oft aber auch ähnelte er der spindeldürren Statur seines großen Vorbildes Karl Valentin, dann konnte es auch passieren, daß er in vehementer bayrisch-barocker Spiellaune alle seine Theorien vom Tisch fegte und sich urwüchsiger Klamottenseligkeit hingab.[7]

So beschrieb der Schauspieler Rudolf Fernau in seinen Memoiren einen typisch BRECHT'SCHEN Regieeingriff, hier auf der Probe zur Uraufführung des *BAAL* (Leipzig 1923).

Mit einem neuen eigenwilligen Regiestil wollte BRECHT den damals herrschenden Berliner Bühnenexpressionismus von Jürgen Fehling und Leopold Jessner überwinden. Diese inszenierten vor bizarren Bühnenkulissen, in denen sich mit übereinander stürzenden, verzerrten Fluchtlinien, labyrinthischen Treppenkonstruktionen und Schrägrampen die illusionäre Guckkastenbühne von einst zur chaotisch-visionären Symbolszene erweiterte, das *Theater des Schreis*, der ekstatischen Entgrenzung. Alles al freschko, alles Bombascht!, nörgelte BRECHT auf augsburgerisch über den Fehling-Stil, **Brechtsches Dünnschiß-Theater, Zeigestabtheater für geistig Minderbemittelte**, dröhnte Fehling zurück.[8]

BRECHTS Opposition gegen den Bühnenexpressionismus und das kulinarische Theater im Max-Reinhardt-Stil war nach dem Zweiten Weltkrieg durch die Geschichte überholt. BRECHT hatte keine Widersacher mehr gegen seinen eigenwilligen Regiestil, nur noch Jünger. Bald bekam er sein eigenes Theater, an dem er demonstrative Gestik, emotionslosen Sprechton, kritische Distanz von der Rolle und die Aufhebung der Bühnenillusion durch szenische Verfremdungen ungehemmt erproben konnte. Es gab auch nicht mehr den großen Konkurrenten Erwin Piscator, der nach dem Krieg in Berlin nicht mehr recht Fuß fassen konnte. Dessen kommunistisches Agitprop-Theater mit seinen Massenregie-Effekten hatte BRECHT als Mitglied des **dramaturgischen Kollektivs** im Theater am Nollendorfplatz ausgiebig kennen gelernt. Er arbeitete mit an Piscators SCHWEJK-Inszenierung. Nach russischen Vorbildern (Meyerhoff und Tairow) entwickelte Piscator ein Theater, in dem **nicht mehr das Individuum mit seinem privaten persönlichen Schicksal, sondern die Zeit selber, das Schicksal der Massen** Träger der Handlung sein sollte.[9] Er verfremdete Dramentexte durch revuehafte Massenszenen, brachte Filmprojektionen, laufende Bänder, Lautsprecher und eine mechanisch bewegbare Etagenbühne in die Theatertechnik ein, montierte politische Reden, Reichstagsprotokolle und Statistiken in die Stücke, nahm Fahnen und Plakate als Kulissen und Schlager als Bühnenmusik.

BRECHT bewahrte zu dieser Art des politischen Theaters kritische Distanz. Piscators Vorschläge für eine Neuinszenierung von TROMMELN IN DER NACHT lehnte er ab; sie waren ihm zu *undialektisch*. Ihn störten die klamaukhaft groben Effekte in Piscators Massenrevuen. Seine eigenen Ideen von einem neuen politischen Theater waren differenzierter, intellektueller, philosophischer. Im Jahr 1927 stand er am Beginn einer neuen, der vom Marxismus bestimmten Phase seiner Produktion. Von dem Soziologen Fritz Sternberg, vor allem aber von seinem Freund Karl Korsch, einem kommunistischen Theoretiker, der wegen Linksabweichungen aus der KPD ausgeschlossen war, ließ er sich damals in der Lehre des Marxismus regelrecht unterweisen. Sein neues Konzept eines **dialektischen Theaters** stellte er nun in den Dienst der politischen Agitation im Sinne der 11. These Marx' über Feuerbach: **Die Philosophen haben die Welt nur verschieden interpretiert. Es kömmt aber darauf an, sie zu verändern.** 1936 nimmt er auf diese These mit wörtlichem Anklang Bezug:

> Das Theater wurde eine Angelegenheit für Philosophen, allerdings solcher Philosophen, die die Welt nicht nur erklären, sondern auch zu ändern wünschten.[10]

In den Berliner Proben zur MUTTER COURAGE 1948/49 setzte er seine in langen Diskursen mit Karl Korsch im Svendborger Exil gewonnenen Einsichten in die Theaterpraxis um. Ihren theoretischen Niederschlag fand diese Arbeit in den Modellbüchern zu den Aufführungen von 1949 und 1951, eine Fleißarbeit, die gemacht werden mußte, damit man sieht, wie viele Betrachtungen nötig sind für eine Inszenierung (AJ, 4. 6. 1951).

2.2 Marxistische Studien und der Stil der Neuen Sachlichkeit

Als ich das KAPITAL von Marx las, verstand ich meine Stücke. Dieser Marx war der einzige Zuschauer für meine Stücke, den ich je gesehen hatte.[11]
BRECHT, Nov. 1927

Die Wortwahl ist aufschlussreich: BRECHT hatte Marx *gesehen*. Die Marx-Lektüre war ihm eine Offenbarung, sie hatte etwas Visionäres. Der imaginierte Karl Marx war von nun an zugleich sein Zuschauer und sein Interpret.

Die Wandlung des als anarchistischer Bürgerschreck geltenden BRECHT zum disziplinierten Kampfgenossen des organisierten Kommunismus befremdete seine Zeitgenossen. Noch vier Jahre zuvor hatte er sich mit seinem Individualismus ausdrücklich als Gegner der sowjetischen politischen Doktrin erklärt: **Ich bin jetzt sehr gegen den Bolschewismus. Mir graut nicht vor der tatsächlich erreichten Unordnung, sondern vor der tatsächlich angestrebten Ordnung.**[12] Er wurde auch jetzt kein Konformist der kommunistischen Parteilinie. Im Marxismus sah er nicht das starre Denksystem, sondern die dialektische Beweglichkeit. Er fand darin seinen Sinn für Ambivalenz bestätigt, seine Lust am Denken in Widersprüchen und am Aufzeigen von Widersprüchlichkeiten.

Eine Gruppe junger Maler in Mannheim hatte 1925 den Begriff *Neue Sachlichkeit* geprägt um ihren neorealistischen Malstil gegen den malerischen Expressionismus abzugrenzen. Mit der Präzision technischer Zeichnungen erstrebten sie in scharfen Konturierungen und glatten Farbflächen eine nüchterne, objektgenaue Abbildhaftigkeit, frei von aller *unsachlichen* Emotionalität. Der neue Stilwille griff auf die Literatur über; BRECHT übertrug ihn auf das Theater. **Das Theater muß als Theater jene faszinierende Realität bekommen, die der Sportpalast hat, in dem geboxt wird.**[13] Jetzt gewinnen auch seine Ideen für einen neuen Bühnenraum genauere Gestalt. Sein Theater soll funktional, zweckgerichtet, illusionslos und von kühler Ästhetik sein. *Tha-eter* nennt er in frecher Verfremdung sein Gegenbild zum bürgerlichen Musentempel. **Am besten ist es, die Maschinerie zu zeigen, die Flaschenzüge und den**

Schnürboden.[14] Die Dekoration muss *mitspielen,* sie soll die Aussage des Stückes illustrieren, nicht einen Fantasieraum suggerieren.

BRECHT hielt aber nichts von der Idee eines hypertechnisierten modernen Totaltheaters, wie es Gropius für Piscator entworfen hatte: eine Rundbühne, die sich um den Zuschauerraum herumschlang, während das Parkett sich wie eine Drehbühne schwenken ließ. Seine Vorstellung vom Bühnenraum war eher karg. In ihr war vorgeprägt, was er im Courage-Modell von 1949 realisieren sollte: eine Drehbühne mit hell ausgeleuchtetem Rundhorizont und Zwischengardine, dazu einige emblematische Versatzstücke, aus dem Schnürboden herabgelassen, mehr ornamental als dekorativ.

BRECHTS Theater sollte eine Lernstätte sein, es sollte der Erziehung und ideologischen Ausrichtung der Arbeiterklasse dienen. Er sah in ihm ein Bindeglied zwischen den revolutionären Intellektuellen und dem Proletariat. Es sollte die Diskrepanz aufheben, die er zwischen dem sozialen Sein des modernen Industriearbeiters und seinem kleinbürgerlichen Bewusstsein sah. Mit seinem marxistischen Lehrer Karl Korsch sah er die Rolle der Intellektuellen in der gedanklichen Antizipation der notwendigen Veränderungen im Überbau. Dieser *Antizipationshilfe* dienten seine **Lehrstücke** von 1929/30, die uns heute in ihrem gefühlsreduzierten Demonstrationsstil dürr und trocken anmuten. Sie erscheinen wie dramaturgische Fingerübungen vor der Reihe seiner ausgereiften sozialkritischen Parabelstücke, in deren Mitte *MUTTER COURAGE UND IHRE KINDER* steht.

2.3 ›Misuk‹ statt Musik – Die Zusammenarbeit mit Kurt Weill, Hanns Eisler und Paul Dessau

In der vom wagnerischen Weihestil geprägten großen Oper sah BRECHT den Inbegriff eines historisch überholten spätbürgerlichen Musiktheaters. Das Opernpublikum verspottete er als bürgerliche Kunstkonsumenten, die sich daran gewöhnt hätten, an der Theaterkasse ihre **Räusche** und **Benebelungen** einzukaufen statt theatralischer **Vergnügungen**. **Kulinarisches Theater** nannte er diese Art des Kunstgenusses. Sein Gegenentwurf dazu war eine neue Form des Musiktheaters, die er in *AUFSTIEG UND FALL DER STADT MAHAGONNY* realisierte. Er forderte die deutlich erkennbare Trennung der Elemente Wort, Musik und Gestik. Die Musik sei dazu da, den Text auszulegen, Stellung zu nehmen und betrachterische Distanz zu erzeugen, nicht hypnotische Entrückung. Der Sänger sollte eine **von Musik und Rhythmus unabhängige und unbestechliche Nüchternheit anstreben**.[15]

BRECHT erfand für seinen neuen Musikbegriff den abgrenzenden

Ausdruck *Misuk*. Der Komponist Kurt Weill, der bis dahin nur mit neutönerischer Musik im Schönberg-Stil hervorgetreten war, kreierte für ihn einen neuen Songstil, zum ersten Mal 1927 mit Vertonungen von BRECHT-Texten aus der HAUSPOSTILLE. Der scheppernde, harte Klang der Weill-Songs, in denen Elemente der Schlagerrevue, des Tangos und des Jazz verarbeitet waren, steigerte die aggressive Schnoddrigkeit der BRECHT-Texte, ordnete sich ihnen aber nicht dienend unter, wie BRECHT es verlangte. Die DREIGROSCHENOPER verdankte bei der Uraufführung (1928) ihren großen Erfolg im Wesentlichen der Musik Weills, die mit ihrem ironischen Glanz allerdings die sozialkritische Absicht BRECHTS eher verstellte als illustrierte. Weill war ein zu eigensinniger Musiker, als dass er sich BRECHTS Intentionen ganz unterordnen konnte. Musik war für ihn ein originäres Ausdrucksmittel, zumindest gleichrangig mit dem Text. Bei der Berliner Aufführung der MAHAGONNY-Oper entzweiten sich die beiden ernsthaft über ihre unterschiedlichen Auffassungen. (**Den falschen Richard Strauss werfe ich die Treppe hinunter!**, soll BRECHT geschrien haben.)

In dem Schönberg-Schüler Hanns Eisler fand BRECHT einen sowohl künstlerisch als auch politisch konformen Mitarbeiter. Mit ihm zusammen realisierte er seine Bühnenfassung von GORKIS Roman *DIE MUTTER* (1931). Es wurde BRECHTS konsequentestes Klassenkampfstück. Die Form war neuartig: weder Agitprop-Theater im Stil Piscators noch Songspiel wie die DREIGROSCHENOPER, eher ein revolutionäres Oratorium mit choralartigen Kampfliedern. Vom Schlusschor mit dem Titel **Lob der Dialektik** sagt BRECHT, dass er leicht als ein gefühlsmäßiger Triumphgesang wirken könne, aber Eislers Emotionen hätten nichts mit Rausch zu tun.[16] Im Grunde räumt er damit ein, dass dieses Stück nicht frei ist von theatralisch-pathetischen Klangwirkungen. Mit Eislers mitunter hämmernder, mitunter feierlich getragener Musik wirkt *DIE MUTTER* nicht mehr wie ein politisches Lehrstück, eher wie ein proletarisches Heldenepos im Stil der großen Tragödie.

Paul Dessau, den selbstlosesten und anpassungswilligsten seiner musikalischen Mitarbeiter, lernte BRECHT erst im amerikanischen Exil kennen. Der Sohn eines Hamburger Synagogenkantors hatte mit Liedkompositionen im romantisch-traditionellen Stil begonnen um sich in den zwanziger Jahren zu einem gemäßigten Neutöner zu entwickeln. 1943 siedelte er von New York nach Santa Monica um, nach BRECHTS amerikanischem Wohnsitz, um mit ihm die Vertonungen verschiedener Texte zu erarbeiten. Hier entstand 1946 Dessaus Musik zur *MUTTER COURAGE*.

Dessau ging bei allen seinen Vertonungen strikt vom Wort aus. **Brecht war sehr musikalisch**, sagte er, er gab mir zahlreiche Anregungen, ich habe mir die Sachen aufgeschrieben und mich gar nicht geniert. Da kenne ich keinen Stolz. [17] BRECHTS Texte, meinte er, seien schon in sich von hoher Musikalität. So war er auch damit einverstanden, dass seine Melodien nach BRECHTS Anweisungen halb gesprochen zur Darstellung kamen. Die Musik war nach BRECHT dazu da, dem Gebrauchswert seiner Texte eine weitere Qualität hinzuzufügen.[18] Paul Dessau, der, sobald er etwas geschrieben hatte, auf Nummer sicher gehen und BRECHTS Urteil dazu hören wollte[19], lieferte ihm diese Qualität in selbstverleugnender Weise. Die Musik, sagte er, soll stets auf ihre Weise etwas zur Inhaltserhellung beitragen. Sofern sie das nicht kann, ist sie überflüssig.[20]

2.4 Das Team Brecht/Neher/Engel

BRECHT hatte nie Bedenken seine Freunde mit ihren Fähigkeiten voll in seinen Dienst zu nehmen. Wer in seinen Kreis trat, musste damit rechnen, als Mitarbeiter rekrutiert zu werden. Schon in seiner Pennälerzeit stand für BRECHT fest, dass sein Augsburger Schulfreund Caspar Neher mit seinem Maltalent sein Bühnenbildner werden musste. Für die Münchner Uraufführung von TROMMELN IN DER NACHT konnte er ihn noch nicht vermitteln; der Regisseur Otto Falckenberg hatte keinen Sinn für den ungelenk anmutenden Realismus des jungen Malers. Erich Engel benutzte bei seiner Inszenierung des Garga-Stücks bereits Skizzen von Neher. Erst in BRECHTS eigenen Inszenierungen ließ er seinen literarischen Verfremdungsstil von seinem Freund bildnerisch umsetzen.

Nehers Bühnenskizzen zeigen den gleichen harten, ungefälligen Strich, mitunter aber auch die gleiche poetische Bewegtheit wie BRECHTS Dichtung. BRECHT rückte seinen Freund in die Nähe des französischen Barockzeichners Jaques Callot, mit dessen grausam realistischem Radierungszyklus DIE GROSSEN SCHRECKEN DES KRIEGES er seinen COURAGE-Film illustriert sehen wollte.

Nehers Talent war vielfältig. Er verstand es, die Schauerelemente im LEBEN EDUARDS DES ZWEITEN VON ENGLAND (1924) mit düster romantisierenden Hintergründen zu unterstreichen; für BRECHT/Weills Songspiel MAHAGONNY (noch nicht die Oper) dagegen machte er einen nüchtern technizistischen Entwurf: einen Boxring mit Projektionsleinwand, auf die karikierende Zeichnungen von den besungenen Personen geworfen wurden. (Baden-Badener Musikfestspiele, 1927).

Von dem Regisseur Erich Engel erwartete BRECHT ähnliche stilistische Reduzierungen, hatte dieser doch schon 1920 ganz im Sinne BRECHTS gegen ein *Theater der Stimmung* polemisiert. Die Trias BRECHT/NEHER/ENGEL bei der Uraufführung der Dreigroschenoper versprach daher eine ideale Kollektivarbeit. Es kam anders. BRECHT verkrachte sich kräftig mit seinem Freund Engel, weil der nach den Vorstellungen des Theaterleiters Ernst Aufricht eine **lustige literarische Operette mit einigen sozialkritischen Blinklichtern** inszenierte statt der von BRECHT gewünschten Entlarvung der bürgerlichen Gesellschaft.[21] Bei den chaotischen Proben für die Revue *HAPPY END*, mit der der Erfolg der *DREIGROSCHENOPER* wiederholt werden sollte, legte Engel unter Protest die Regie nieder.

Nach dem Krieg holte BRECHT Erich Engel in sein neu gegründetes *Berliner Ensemble*. Jetzt aber war er selbst der Theaterleiter und Engel musste sich fügen. Er durfte die sorgsam ausgearbeiteten Regiemodelle des Dichters, als Erstes die *MUTTER COURAGE*, behutsam modifizierend umsetzen. BRECHT lohnte es ihm mit metaphorisch überhöhtem Lobpreis: Engel **handhabt ein solches Arrangementsmodell so behutvoll wie ein großer Geigenbauer eine Stradivarigeige.**[22]

Auch Caspar Neher fand sich nach dem Krieg wieder zur Zusammenarbeit ein, und zwar schon 1948 in Zürich, wo BRECHT vor seiner Übersiedlung nach Berlin Zwischenstation machte. Neher gestaltete hier das Bühnenbild für die *ANTIGONE*-Fassung BRECHTS, die im Februar, kaum beachtet, auf einer kleinen Provinzbühne in Chur zur Aufführung kam. Nehers Arrangement wirkt in vielem wie ein Vorlaufmodell zur *COURAGE*-Bühne von 1949, die er nicht gestaltet, aber inspiriert hat. Auf einem arenaförmigen Spielfeld vor einem Halbrund aus ochsenblutfarbenen Leinwandblachen standen vier Pfähle, bestückt mit Pferdekopfskeletten. Es gab keinen Vorhang. In ähnlich reduzierter Szenerie, vor einem Halbrund von Stoffschirmen aus Zeltleinwand und in grellem, ungefärbtem Licht, **so viel die Apparate hergaben, um auch den Rest von Atmosphäre zu beseitigen**[23], spielte die *COURAGE* von 1949 in Berlin. BRECHT war nicht zufrieden damit; **wir warteten bis zum Schluß auf Dich**, schrieb er an Neher, **und mußten dann einfach improvisieren** (Briefe, S. 581).

2.5 Das chinesische Vorbild

Während seines Besuchs in Moskau im Frühjahr 1935 sah BRECHT den chinesischen Schauspieler Mei Lan-fang, wie er im Smoking die klassischen Rollengestalten der chinesischen Schauspielertradition demonstrierte. Die Faszination ließ ihn nicht wieder los. Chinesische Philosophie, Dichtung und Schauspielkunst beeinflussten seitdem seine Dichtung. Auch in der Modellregie der *MUTTER COURAGE* zeigen sich Züge gestischer Ritualisierung aus der chinesischen Theatertradition. Theoretisch hat BRECHT das Erlebnis in seinen dramaturgischen Schriften verarbeitet, besonders im MESSINGKAUF und in DER BERUF DES SCHAUSPIELERS.

BRECHT sah in der Festgelegtheit der chinesischen Schauspielkunst, deren Gestik und Choreografie seit Generationen überliefert ist, nicht die Gefahr einer traditionellen Erstarrung, sondern im Gegenteil die Chance für den Schauspieler durch seine persönlichen Stilvarianten **Neuerungen aus dem Alten zu entwickeln.**[24] Er beklagt, dass die Gestaltungen westlicher Schauspieler **mehr oder weniger privaten Ursprungs sind, nichts Typisches bedeuten.**[25]

Die chinesische Theaterkunst kam seiner Absicht entgegen zu zeigen, **wie sich Menschen unter bestimmten Umständen benehmen**[26], nicht ein bestimmter individueller Mensch in einer ganz besonderen, persönlichen Situation. Was ihn daher an den Chinesen besonders faszinierte, war ihre Tradition der stilisierten Typisierung in ihrer Masken- und Gestenkunst, einer Art von sublimiertem Puppentheater. Seinen Intentionen entsprach es auch, dass dieses Theater ein sachverständiges Publikum voraussetzte, das die tradierten Muster auswendig kannte und jede Neuerung kritisch zu beurteilen verstand. Ihn beeindruckte es, dass es keine Guckkastenbühne gab, sondern eine nach drei Seiten offene Estrade unter einem von Pfosten getragenen Dach mit nur zwei Türen im Hintergrund für Auftritte und Abgänge, und dass die Zuschauer an Tischen saßen, Tee trinkend und das Spiel kommentierend, statt gebannt in ein ›Bühnenjenseits‹ zu starren. Vor allem aber bestaunte er die perfekte Verfremdungskunst des chinesischen Schauspielers, der **allein durch seinen Tanz und Gesang, vor allem aber durch die bis ins einzelne einstudierten Gesten** Flüsse, Bäume, Häuser und Straßen ebenso zu imaginieren verstand wie eine Teezeremonie.[27]

Die Schauspieler des chinesischen Traditionstheaters werden schon als Kinder für ein festgelegtes Rollenfach trainiert wie Zirkusartisten. So lernen sie die disziplinierte Körperbeherrschung, die sie zu den ausgefeilten Pantomimen und akrobatischen Handlungseinlagen ihrer Vorführungen befähigt. **Ebenso wie die Akrobaten wählen die Schauspieler ganz offen jene Positionen, die sie dem Publikum am besten ausstellen [...] Der Artist sieht sich selber zu.**[28]

Der chinesische Schauspieler verfügt über ein Repertoire festgelegter Zeichen, mit denen er sozialtypische Zustände ausdrücken kann: Armut, Reichtum, Macht und Unterdrückung. Auch Gefühle werden so signalisiert, mit der **Durchkältung** des Bewusstseins; auf diesen Stil kühler artistischer Versiertheit verpflichtete BRECHT sein Theater, als er es endlich in eigener Hand hatte. **So zu spielen ist gesünder und, wie uns scheint, würdiger eines denkenden Menschen.**[29] Bei den Proben zur MUTTER COURAGE spricht er von der **Normalität** einer solchen Schauspielkunst, vom Zurückholen des Schauspielers ins **Normale** (AJ, 13. 12. 1948). Widerspruch gegen diesen Inszenierungsstil wurde von ihm hämisch weggewischt. Von der Darstellerin der Bäuerin in Szene 11/12, die ihre Rolle mit psychologischer Einfühlung spielen wollte, heißt es: **Sie wünscht den Jammer zu fühlen – was ihr allerdings schon lange nicht mehr gelingt, von einem Exzeß an Ausbrüchen erloschener Krater, der sie ist** (AJ, 10. 12. 1948). Der Theaterrevolutionär der 20er-Jahre war mittlerweile zum Autokraten des neuen deutschen Theaters geworden.

3 »Mutter Courage und ihre Kinder« als Muster epischer Theaterkunst

In BRECHTS Theorie des *epischen Theaters* vermengen sich politische mit ästhetischen Kategorien. BRECHT selbst hat diesen Widerspruch nicht aufgelöst. Einmal erklärte er, das *Epische* seines Theaters sei eine Kategorie des Gesellschaftlichen und nicht des Ästhetischen Formalen[30], ein andermal: Es wäre zu schwierig, etwa die Theorie der theatralischen Verfremdung außerhalb einer ästhetischen darzustellen[31], dann wieder: Ich muß zugeben, daß es mir nicht gelungen ist, klarzumachen, daß das Epische meines Theaters eine Kategorie des Gesellschaftlichen und nicht des Ästhetischen ist.[32]

Er wollte mit seinen Dramen politisch wirken, war aber ästhetisch zu skrupulös um einfach politische Agitation mit theatralischen Mitteln zu betreiben. Der Dramatiker Friedrich Wolf, der in seinen Revolutionsdramen vordergründig plakative und parolenhafte Wirkungen nicht verschmähte, warf BRECHT nach der Berliner Erstaufführung der MUTTER COURAGE vor, er habe es nicht verstanden, mit seinem Stück das Volk **gegen einen neuen Krieg zu aktivieren**[33], weil die Courage keine Einsicht und keine Wandlung zeige. BRECHT hielt dagegen eine Entwicklung seiner Heldin zur Erkenntnis ihres Irrtums für **unrealistisch** und für nicht vereinbar mit einer **materialistischen** Darstellung. Er hielt es für notwendig, **das Bewußtsein der Personen vom sozialen Sein bestimmen zu lassen und es nicht dramaturgisch zu manipulieren.**[34]

BRECHTS neues dramaturgisches Konzept seit 1930 zielte mit einer neuen Theaterkunst auf einen neuen Zuschauer, der nicht einfach politisch-agitatorisch mobilisiert, sondern im Sinne marxistischer Dialektik *philosophisch* aufgeklärt werden sollte. **Das komplexe Sehen muß geübt werden.**[35] BRECHT wünschte sich nicht einen mitfühlenden und erschütterten, sondern einen wissenden, kritisch mitdenkenden Zuschauer, der nicht Mitleid empfindet, sondern Befremdung; er soll sich immer des paradigmatischen Charakters der Bühnendarstellung bewusst sein. BRECHTS im Einzelnen nicht widerspruchsfreie dramaturgische Theorien sind in dieser Zielsetzung einhellig.

3.1 Grundzüge der epischen Dramaturgie Brechts und ihre Entwicklung

BRECHT wollte auf dem Theater Vorgänge beschreiben, **damit das Veränderbare der Welt herauskomme und uns Vergnügen bereite.**[36] Gezeigt werden soll der dialektische Wandel, der Fluss aller Dinge und deren Widersprüchlichkeit zur Begründung der gesellschaftlichen Antagonismen. Die begriffliche Paradoxie einer *epischen Dramatik* widerspiegelt die dialektische Spannung in der Weltsicht BRECHTS nach seiner marxistischen Konversion.

Die erste theoretische Formulierung seiner neuen Dramaturgie findet sich in den ANMERKUNGEN ZUR OPER »AUFSTIEG UND FALL DER STADT MAHAGONNY« (1930). BRECHT versucht seine Position in schematischen Gegenüberstellungen[37] zu verdeutlichen:

Dramatische Form des Theaters	Epische Form des Theaters
handelnd	erzählend
verwickelt den Zuschauer in eine Bühnenaktion	macht den Zuschauer zum Betrachter, aber
verbraucht seine Aktivität	weckt seine Aktivität
ermöglicht ihm Gefühle	erzwingt von ihm Entscheidungen
Erlebnis	Weltbild
der Zuschauer wird in etwas hineinversetzt	er wird gegenübergesetzt
Suggestion	Argument
die Empfindungen werden konserviert	werden bis zu Erkenntnissen getrieben
der Zuschauer steht mittendrin, miterlebt	der Zuschauer steht gegenüber, studiert
der Mensch als bekannt vorausgesetzt	der veränderliche und verändernde Mensch
Spannung auf den Ausgang	Spannung auf den Gang
eine Szene für die andere	jede Szene für sich
Wachstum	Montage
Geschehen linear	in Kurven
evolutionäre Zwangsläufigkeit	Sprünge
der Mensch als Fixum	der Mensch als Prozess
das Denken bestimmt das Sein	das gesellschaftliche Sein bestimmt das Denken
Gefühl	Ratio

Es geht hier nicht mehr um die Mitleid heischende Darstellung von gesellschaftlichen Zuständen wie in den sozialkritischen Dramen des Naturalismus, sondern um historische Prozesse. Um solche historisch-materialistischen Abläufe sichtbar zu machen fordert BRECHT auch einen neuen Regiestil. 1920 riet er noch einem Schauspieler: **Krieche in deinen Mann hinein, schaue aus seinen Augen heraus.**[38] 1940 heißt es: **Der Schauspieler läßt es auf der Bühne nicht zur restlosen Verwandlung in die darzustellende Person kommen. Er ist nicht Lear, Harpagon, Schwejk, er zeigt diese Leute.**[39] Im Spiel der Helene Weigel sah er diesen Gestus des *Zeigens* in idealer Weise verwirklicht:

> Wiewohl sie alles zeigte,
> Was nötig war, eine Fischersfrau
> Zu verstehen, verwandelte sie sich doch nicht restlos
> In diese Fischersfrau, sondern spielte
> So, als sei sie außerdem noch beschäftigt mit Nachdenken.
>
> *DER MESSINGKAUF*

Im Rückblick auf seine episch-dramatische Theaterarbeit in der ersten Berliner Phase schreibt BRECHT 1936:

> Das Theater begann zu erzählen. Von keiner Seite wurde es dem Zuschauer weiterhin ermöglicht, durch einfache Einfühlung in dramatische Personen sich kritiklos (und praktisch folgenlos) Erlebnissen hinzugeben. Das Handeln der Menschen mußte zugleich so sein und mußte zugleich anders sein können. Das waren große Änderungen.[40]

Die großen Änderungen betrafen die Form des Dramas, die Schauspielkunst und das Bühnenbild. Alles wurde dem *Gestus des Zeigens* untergeordnet: der Dialog, die Darstellung und die Szenerie. Der Zuschauer wurde immer wieder durch intermittierende Ereignisse aus dem Fluss des Geschehens herausgerissen und in den Zustand der Reflexion versetzt. Die Mittel szenischer Verfremdung waren: Songeinlagen, Musik, Hintergrundprojektionen, eingeblendete Szenentitel, Embleme, Beleuchtungswechsel, Laufbänder und Drehbühnentechnik.

Die *COURAGE*-Aufführung von 1949 gab BRECHT zum ersten Mal die Gelegenheit, seine Theorie des epischen Theaters praktisch zu demonstrieren, ohne dass ihm jemand dreinreden konnte. Die Gründung des *Berliner Ensembles* machte ihn zu seinem eigenen Theaterleiter, schon bevor er sein eigenes Theaterhaus bekam. Er machte die Inszenierung zu einer Musteraufführung und dokumentierte alle Szenenarrangements in einem Modellbuch, das er verbindlich zu machen versuchte. Einwände gegen eine solche Einschränkung der künstlerischen Freiheit wies er zurück: **Man muß sich frei machen von der landläufigen Ver-**

achtung des Kopierens. Ich habe als Stückeschreiber japanische, hellenische, elisabethanische Dramatik kopiert, als Regisseur die Arrangements des Volkskomikers Karl Valentin und die Szenenskizzen Caspar Nehers, und ich habe mich nie unfrei gefühlt.[41]

3.2 Die ›Courage‹-Fabel – Quellen und Abwandlung

> Aber der Grimmelshausen läßt sich das Moralisieren und Abstrahieren nicht verbieten.[42]
> BRECHT, 1938

Der Satz, geschrieben zur Abfassungszeit der *MUTTER COURAGE* und gegen Georg Lukács' Realismus-Thesen gerichtet, nimmt den barocken Sozialsatiriker als Vorläufer für BRECHTS didaktischen Literaturbegriff in Anspruch. Ein moralisches Exempel sollte auch das Stück werden, für dessen Titelfigur GRIMMELSHAUSEN den Namen lieferte mit seinem Roman *LEBENSBESCHREIBUNG DER ERTZBETRÜGERIN UND LANDSTÖRTZERIN COURASCHE* (1670).

Von dessen Erzählhandlung allerdings übernahm BRECHT so gut wie nichts. Schon der Name der Heldin hat bei GRIMMELSHAUSEN eine andere Bedeutung. Janco, so der Tarnname des als Mann verkleideten böhmischen Soldatenliebchens Lebuschka, die im Dreißigjährigen Krieg dem kaiserlichen Lager folgt, **vertauscht sein Edles Jungfer-Kräntzlein bey einem resoluten Rittermeister um den Nahmen Courasche**.[43] In einer Rauferei hat sie einen Mann, der nach ihren Schamteilen gegriffen hatte, **mich bey dem jenigen Geschirr zu erdappen / das ich doch nicht hatte**, sehr übel zugerichtet **darumb, daß er mir nach der Courage gegriffen hat / wohin sonst noch keines Manns-Menschen Hände kommen seyn**.[44]

BRECHTS Anna Fierling dagegen erklärt ihren Namen mit ihrem händlerischen Wagemut: **Courage heiß ich, weil ich den Ruin gefürchtet hab', Feldwebel, und bin durch das Geschützfeuer bei Riga gefahren mit fünfzig Brotlaib im Wagen.** (9) Aus der derb erotischen, rauf- und liebeslustigen böhmischen Landstreicherin macht BRECHT eine tollkühne landfahrende Marketenderin.

Zwei Züge der Lebuschka hat BRECHT in der *COURAGE* verwendet: ihren sozialen Abstieg und ihre Habgier. Auch die Landstörtzerin will durch den Krieg wohlhabend werden, nicht durch Handel, sondern durch Liebeseroberungen. (Marketenderin ist sie nur kurze Zeit.) Sie verelendet von der Hauptmannsgattin zur Lagerhure. Bei Plünderungen greift sie gierig zu. Sie hat aber keine Kinder und keinen Lebensplan, sie ist nichts als ein sozialsatirisches Zerrbild einer durch die Kriegsläufte verwahrlosten Frau. Die Konfliktspanne zwischen Mutter und

Händlerin ist BRECHTS eigene Erfindung. Nur der bürgerliche Name der Courage enthält noch einen versteckten, philologisch anmutenden Anklang an die Landstörtzerin: *Anna Fierling* (in der Erstfassung *Fierlin*) erinnert an das mittelhochdeutsche *vierren, virren* oder *verren* = in die Ferne schweifen. Die Courage gehört wie die Lebuschka zu den Fahrenden und damit den sozial Geächteten.

GRIMMELSHAUSENS Lebuschka spiegelt sich noch in einer weiteren Figur des Stückes. Die Niederländerin Yvette Pottier steigt, gegenläufig zu ihrem böhmischen Vorbild, von der Lagerhure zur Obristengattin auf, wobei BRECHT ironisch in Zweifel zieht, ob das ein Aufstieg ist. Die bürgerliche Ordnungsnorm erscheint durch ihre Verfremdung pervertiert, ähnlich wie im Moraltopos des Barockdichters die göttliche Weltordnung.

Als eine weitere Quelle des Courage-Stoffes wurde die Ballade »Lotta Svärd« des finnischen Nationaldichters JOHAN LUDWIG RUNEBERG (1804–1877) bezeichnet. Die schwedische Schauspielerin Naima Wifstrand hat den BRECHTS das Gedicht im Sommer 1939 vorgetragen und ins Deutsche übersetzt. Lotta Svärd ist eine skandinavische Volksheldin, eine Marketenderin im russisch-finnischen Krieg 1808/09, die in ihrer patriotischen Gesinnung den tapfer kämpfenden Soldaten einen Labetrunk spendet, ihn aber dem Feigling verwehrt, ganz im Gegensatz zur antiheldischen Einstellung der Anna Fierling.

Da kam der Soldat, und sie füllt' ihm das Glas
Hochvoll, und als er es nahm,
Da fehlte nicht viel, daß er über das Maß
Zwei Tränen hinzubekam.[45]

Mit seinem naiv gefühlseligen Patriotismus gab Runebergs Gedicht für das COURAGE-Stück noch weniger her als der Lebuschka-Stoff, außer vielleicht einer Stimmungsanregung durch seinen anheimelnden Volkston. Die finnische Marketenderin Lotta Svärd ist weder zur Landstörtzerin GRIMMELSHAUSENS noch zu BRECHTS Anna Fierling ein skandinavisches Pendant. **MUTTER COURAGE UND IHRE KINDER ist durch und durch ein Originalwerk Brechts.**[46]

3.3 Handlung und Handlungsform

GRIMMELSHAUSEN, wie auch andere Barockerzähler, verwendete bekanntlich nach antikem Komödienmuster das *argumentum*, eine antizipierende Inhaltsangabe als Kapitelüberschrift. Dessen vage andeutende, oft verrätselnde und ironisierende Formulierung weckte die Neugier des Lesers ohne sie zu befriedigen. **Der Courage wird ihre treffliche Courage auch trefflich eingeträtnckt**[47], heißt etwa solch ein Titel bei GRIMMELSHAUSEN. BRECHT übernahm diese Erzähltechnik als episierendes Element in die MUTTER COURAGE mit dem projizierten Szenentitel. Auch der leicht persiflierende Ton, der ernste Inhalte *mit Lachen* verkündet, wird nachgeahmt. GRIMMELSHAUSEN: **Courage hält sich in einer Occasion trefflich frisch / haut einem Soldaten den Kopff ab / bekommt einen Major gefangen / und erfährt, daß ihr Leutnant als ein Meineydiger Uberlauffer gefangen und gehencket worden.**[48] BRECHT: [...] **Der Frieden droht Mutter Courages Geschäft zu ruinieren. Der Courage kühner Sohn vollbringt eine Heldentat zu viel und findet ein schimpfliches Ende.** (Projektionstitel zur 8. Szene, MUTTER COURAGE) Beide Autoren verfolgen mit ihren ironisch distanzierten Formulierungen eine Lehrabsicht. Der Barockdichter will darin das launische Walten der *Fortuna* und die menschliche *Vanitas* im Angesicht des göttlichen Weltenplans verdeutlichen. Auch BRECHT zeigt die Vergeblichkeit menschlicher Mühen, aber nicht als schicksalhaft unausweichliches Verhängnis, sondern als ein durch fehlerhaftes soziales Verhalten bedingtes Unglück, das durch revolutionäres Handeln aufhebbar wäre.

In den Szenentiteln artikuliert sich das erzählerische Ich des Stückeschreibers. Er will den Zuschauer sozialkritisch aktivieren. **Tillys Sieg bei Magdeburg kostet Mutter Courage vier Offiziershemden,** liest man als Hintergrundprojektion zu Szene 5 (61). Der Sieg des großen kaiserlichen Feldhauptmanns ist die Niederlage der kleinen Marketenderin. Der Zuschauer soll daran erkennen: Die Rechnung der Mutter Courage geht nicht auf, das Volk verliert im Krieg immer.

Die Handlungsform des epischen Theaters von BRECHT ist die Parabel. Jede Szene der MUTTER COURAGE illustriert für sich oder im dialektischen Widerspiel mit anderen Szenen die Lehre des Stücks: Die Illusion der kleinen Leute, sie könnten aus dem großen allgemeinen Unglück des Kriegs ihren kleinen besonderen Vorteil ziehen, ist ein schrecklicher Fehler.

3.3.1 Zwölf Jahre – zwölf Bilder

Die epische Montagetechnik der MUTTER COURAGE dient dazu, **den Krieg als historisch-soziales Phänomen in den Dimensionen des Dramas abzubilden.**[49] Die dargestellte Zeit reicht vom Frühjahr 1624 bis zum Winter 1636. Am Anfang ist der Krieg noch *jung*. Am Ende weiß der Zuschauer, dass noch zwölf weitere elende Jahre folgen werden.

In der ersten Niederschrift von 1939 hat das Stück 11 Szenen. Für die Züricher Uraufführung von 1941 gliederte BRECHT die Szenen um und reduzierte durch Zusammenfassung einiger Bilder ihre Zahl auf 9. Dementsprechend gab es 9 Szenentitel. Erst während der Einrichtung der Berliner Erstaufführung von 1949 sind es, wieder in etwas anderer

Gruppierung, 12 Bilder, korrespondierend den zwölf Jahren dargestellter Zeit. Szene 11 und 12 haben dabei einen gemeinsamen Titel.

Der Eindruck historischer Authentizität wird durch Jahreszahlen und den Hinweis auf reale Ereignisse in den Titeleinblendungen erweckt: **1631 Tillys Sieg bei Magdeburg** (61) **Januar 1636. Die kaiserlichen Truppen bedrohen die evangelische Stadt Halle** (99). Axel Graf Oxenstierna wird erwähnt (7), der Tod des Königs Gustav Adolf (77), vorher die Schlacht von Wallhof bei Riga (20) und das Begräbnis des Tilly in Ingolstadt (64). Es gibt Zeitsprünge: Zwischen Szene 2 und 3 liegen drei Jahre nicht dargestellte Zeit, zwischen 4/5 und 8/9 jeweils zwei Jahre. Die Jahreszahl für Szene 4 ist aus Szene 5 zu erschließen. Szene 7 ist, zeichenhaft für ihren symbolhaften Charakter, undatiert.

Die Szenenfolge verklammert die Handelszüge der Courage mit den Gräueln des Krieges:

Szene	Kriegsgräuel	Handelszüge der Courage
1	die Gewissenlosigkeit der Rekrutenwerber	mit dem Heer Gustav Adolfs in Dalarne (Schweden),
2	brutale Konfiskationen, Misshandlung der Bauern	von dort über Polen nach Livland und
3	die Willkür der Stand- und Feldgerichte (auch in 8)	zurück ins polnische Feldlager
4	die Korruption der Offizierskaste (auch in 2)	im polnischen Feldlager
5	die Zerstörung der Bauerndörfer, Ausplünderung und Ermordung der Bauern	mit dem Heer Tillys nach Mähren, Bayern, Italien und zurück ins Brandenburgische nach
6	Vergewaltigung und Verunstaltung (Kattrin)	Magdeburg und
7	Kriegsgewinn	nach Bayern ins Feldlager
8	Exekution (spiegelbildlich zu 3)	vor Ingoldstadt
9	Hunger, Seuchen, Kälte, Verarmung	durch das winterliche Fichtelgebirge
10	Heimatlosigkeit	über die Landstraßen Mitteldeutschlands zur
11	Überfall, Belagerung	Belagerung von Halle
12	Vereinsamung und Verelendung	mit dem schwedischen Heer ins Ungewisse

Auf ihren Handelszügen wechselt die Courage bedenkenlos Fahnen und Gesinnungen (39). Ihr Glaubensbekenntnis in diesem ›Glaubenskrieg‹

passt sie den jeweiligen Handelschancen an. Ihren **Heldenkönig** Gustav Adolf (36) nennt sie drei Tage nach seiner Niederlage den **Antichrist, wo Hörner aufhat** (40). Drei Jahre darauf sind die Protestanten für sie wieder **die Unsern** (88), aber bei der Belagerung von Halle steht sie erneut im Lager der Katholiken. Sie hat durchschaut, was die Großen mit ihrem Krieg im Sinn haben, und versucht es im Kleinen nachzuahmen: **Der Krieg ist nix als die Geschäfte** (75). Und ihr Geschäftserfolg wechselt wie das Schlachtenglück der Großen. In Szene 7 trägt sie eine Kette mit Silbertalern (75), in Szene 9 bettelt sie um einen Teller Suppe (90). Sie rettet einen evangelischen Feldprediger, indem sie ihn in ihren Dienst nimmt (Szene 3) und schlägt den Heiratsantrag eines holländischen Kochs aus. Und sie verliert ihre Kinder, eins nach dem andern, an den Krieg, und zwar jedesmal, wenn sie ihren Handelsgeschäften nachgeht. Dass sie auch ihren Lieblingssohn Eilif verloren hat, weiß sie bis zum Ende des Stückes selbst nicht; der Zuschauer weiß es. Er hat gesehen (Szene 8), wie die Courage in ihrer Angst, die Handelschancen des neu ausbrechenden Krieges zu versäumen, die Frage nach dem Schicksal ihres Sohnes verdrängt hat. **Sie erzählens mir später, wir müssen fort** (89). Die Courage sieht nichts; sie will nichts sehen in ihrer blinden Geschäftigkeit. Das antike Tragödienmotiv von der Blindheit oder Verblendung des Helden spielt hier in das epische Theater hinein, aller antiaristotelischen Dramaturgie zum Trotz. Sehend wird allein der Zuschauer. **Wenn jedoch die Courage weiter nichts lernt – das Publikum kann, meiner Ansicht nach, dennoch etwas lernen, sie betrachtend.** (BRECHT 1949)[50]

3.3.2 Kontraste und Parallelen

Der Planwagen ist
voll behängt und frisch bespannt. Er wird gezogen von den beiden Söhnen [...] Auf dem Bock sitzen die stumme Kattrin, die Mundharfe spielend, und die Courage. Die Courage sitzt bequem, ja faul, sich auf dem Wagen wiegend, sie gähnt. (BRECHTS Regiemodell für Szene 1)

Mutter Courage spannt sich allein vor ihren leeren Planwagen [...] Langsam geht die Alte zum Wagen, rollt den Strick auf, an dem bisher die stumme Kattrin mitgezogen hat, nimmt einen Stecken, beschaut ihn, zieht die Schlinge des zweiten Stricks durch, klemmt sich den Stecken unter den Arm und zieht los. (BRECHTS Regiemodell für Szene 12)

Die beiden Kontrasthandlungen umklammern das Stück. Der rollende Planwagen, ein sich durch die ganze Dramenhandlung ziehendes Leitmotiv, ist am Anfang mit seiner frischen Plane ein wohl ausgestattetes Warenlager eines gut gehenden Handelsgeschäfts, am Ende, mit zerfetzter Plane und leer, das Elendsjoch einer müden alten Frau. Die Szenenfotos von der Berliner Aufführung von 1949 (wiedergegeben im Materialienband von K.-D. Müller, S. 131 und S. 226) illustrieren den scharfen Kontrast: Zu Beginn haben sich zwei kräftig ausschreitende junge Männer vor den Wagen gespannt. Kattrin ist noch ohne Verunstaltung, hübsch, fröhlich und unbefangen, die Courage selbstbewusst mit herausfordernder Gestik. Die Familie ist noch vollständig beisammen. Die Schlussszene zeichnet nur noch ein düsteres Bild von Armut, Mühsal, Einsamkeit und Niedergebeugtheit. Zwischen diese beiden Pole ist die Dramenhandlung gespannt. Sie gipfelt ziemlich genau in der Mitte, wieder mit dem Bild des Wagenziehens, unter dem Szenentitel (7): **Mutter Courage auf der Höhe ihrer geschäftlichen Laufbahn.** Von einer **Sinuskurve** der Dramenhandlung spricht Marianne Kesting.[51] Nach dem Szenenarrangement des Modellbuches zeigt sich die Courage in der siebten Szene mit Schmuck behängt im **Vollbesitz ihrer Vitalität**.[52] Die Peripetie deutet sich aber schon an. Szene 10, wieder ein Landstraßenbild, zeigt Ausgesetztheit, Müdigkeit und Kälte. **Wie ein müder Schlachtgaul**[53] legt sich die Händlerin, laut Regiemodell, in die Leinen ihres Wagens. So ist Szene 10 zugleich Kontrastbild zu 7 und Antizipation des Schlussbildes.

Die szenischen und motivischen Entgegensetzungen ziehen sich durch das ganze Stück. Jendreiek spricht von einem **bipolaren Strukturprinzip**[54], Marianne Kesting von **szenischer Rhythmik**.[55] So ergibt sich ein Geflecht von parallelen und kontrastiven Handlungsmotiven innerhalb der Gesamthandlung, durch die Nachdenklichkeit erzeugt werden soll. Mit den folgenden exemplarischen Gegensatzpaaren soll das Gestaltungsprinzip verdeutlicht werden, zunächst in einer Schemazeichnung.

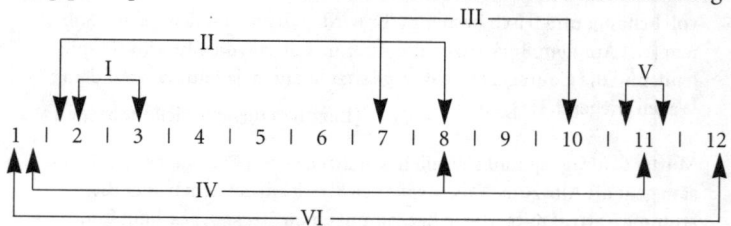

Thematische Entsprechungen in Stichworten:

I (Szenen 2 und 3): Der Handel um den Kapaun – Der Handel ums Leben
II (Szenen 2 und 8): Die zwei *Heldentaten* des Eilif
III (Szenen 7 und 10): *Sesshaftigkeit* und *Ausgesetztheit*
IV (Szenen 1, 8 und 11): Die drei *Abwesenheiten* der Courage
V (innerhalb Szene 11): Gebet und Tat
VI (Vorspiel und Schluss): Die drei Strophen des »Geschäftsliedes«

I

Selbst in der äußersten Not bleibt die Courage ihrem Geschäftsprinzip treu: **Lieber lauf ich mir die Füße in den Leib nach einem Angebot, als daß ich gleich verkauf** (48). Zunächst zeigt sich dieses Prinzip in einer humorigen Darstellung. Die Courage sieht sich in einer günstigen Verkäuferposition, als sie (in Szene 2) dem Koch einen Kapaun verkaufen will. Im Lager herrscht Hungersnot, die Bauern im Land sind ausgeplündert. Die Courage nützt das aus. Ihre Gewitztheit und ihr schnelles Reaktionsvermögen zeigen sich, als der Feldhauptmann mit einem Gast erscheint. Nun muss der Koch einkaufen, weil der Offizier nach Essen brüllt. Der Kapaun, gerade vom Koch auf 40 Heller heruntergehandelt, kostet plötzlich einen Gulden. Der besondere Witz ist, dass die Courage in dem *Ehrengast* des Feldhauptmanns ihren Sohn Eilif erkannt hat. **Für meinen Ältesten ist mir nichts zu teuer.** Das wortgewandte Handelsgespräch der Courage, ihre launigen Einfälle, als sie etwa ihren Kapaun als **talentiertes Vieh** anpreist – es hat rechnen können, so intelligent war es (21) – und als sie vom Ochsenfleisch des Kochs behauptet, der Ochse **müsse schon bei Lebzeiten gestunken haben** (21), erwecken Sympathie, selbst beim Koch Lamb, der sich doch geprellt fühlen musste. (Aus dem Handelspartner wird später ihr Liebespartner werden.) Die Courage erscheint hier noch nicht als die **Hyäne des Schlachtfelds** (82), sondern als Figur des ›gemeinen Volks‹, derb und voller Mutterwitz.

Schon in der nächsten Szene hat sich die Situation dialektisch umgekehrt. Die Erschießung des Schweizerkas lässt sich nur noch durch Bestechung verhindern. Die Courage muss ihren Wagen verkaufen. Es ist **auf Leben und Tod** (47). In einem verzweifelten Wettlauf mit der Zeit versucht sie dennoch zunächst den Verkauf in Verpfändung umzuwandeln, weil sie hofft durch ihren Sohn Fejos an die schwedische Regimentskasse heranzukommen um den Wagen wieder auszulösen. Als sich diese Hoffnung zerschlagen hat, versucht sie die Bestechungssumme herunterzuhandeln. **Es kommt ein bissel schnell, was mach ich?** (51). In den Handel hinein dröhnen dann aber schon die Trommeln des Exekutionskommandos. **Mir scheint, ich hab zu lang gehandelt** (53).

Die beiden Gesichter der Händlerin offenbaren sich im Kontrast. Aus dem hartnäckig heiteren Spiel nach den Regeln von Angebot und Nachfrage beim Handel mit dem Kapaun ist in Szene 3 tödlicher Ernst geworden. Der Lebensplan der Courage richtet sich gegen das Leben. **Auf was ich aus bin, ist, mich und meine Kinder durchbringen mit meinem Wagen** (72). Sie bringt am Schluss den Wagen durch und verliert ihre Kinder.

II

Wie fein du die Bauern geschlenkt [= betrogen, Anm. d. Verf.] und die zwanzig Rinder gefangen hast (23), lobt der Feldhauptmann seinen Soldaten Eilif und preist seine Kühnheit: Es gibt noch einen echten Glauben in meinem Heer (23). – Einem Bauern sein Vieh nehmen, was war daran kühn? (87), heißt es in genau gleicher Situation sechs Jahre später. Der einzige Unterschied: Die erste ›Heldentat‹ geschah im Kriegszustand, die zweite während eines Zwischenfriedens.

BRECHT entlarvt mit diesen Kontrasthandlungen nicht nur die Verlogenheit von Kriegsehrungen und Tapferkeitsauszeichnungen, er will auch den ›Glaubenskrieg‹ als Raubkrieg bloßstellen. Dazu wird in das Gespräch des Eilif mit dem Feldhauptmann (Szene 2) der Feldprediger hineingezogen. **Der Seelenhirt schaut wieder zu, weil er predigt nur, und wies gemacht werden soll, weiß er nicht** (23). Nach der Modellregie soll der Offizier den Geistlichen bei diesen Worten beleidigen, ihm Wein über seinen Priesterrock schütten, sich die Pfeife von ihm holen lassen. Der Feldprediger unterwirft und erniedrigt sich vor dem Kriegsmann. In einem Akt des Glaubensverrats ist er sogar bereit, den Satz **Not kennt kein Gebot** (24) aus der Bibel herzuleiten. Ganz anders, nämlich mit moralischem Befremden, beurteilt er einen anderen Raubzug des Eilif in Szene 8: **Wie hast du das machen können?** (86). Dann geleitet er ihn zur Richtstätte. Der Zuschauer soll sich aber auch noch daran erinnern, dass der Feldhauptmann den Eilif mit dem ›Glaubenshelden‹ Gustav Adolf von Schweden verglichen hat: **Du hast schon was von ihm** (25). Die Ironie, mit der hier das ›Heldentum‹ des Königs mit Mord und Straßenraub gleichgesetzt wird, wird nicht ihm, aber dem Zuschauer bewusst. Aber am Ende bleibt dem ›Glaubenshelden‹ Eilif in seinem ›Glaubenskrieg‹ nichts weiter als ein fragwürdiger geistlicher Trost im Sterben. Wieder wird durch die Verfremdung kontrastiver Bezüge das Befremden des Zuschauers geweckt.

III

Auf dem Höhepunkt ihrer Geschäftskarriere, korrumpiert vom Erfolg, singt die Courage ihr neues Geschäftslied: **Der Krieg ist nix als die Geschäfte / Und statt mit Käse ists mit Blei** (75). Dazu preist sie ihre Existenz als nicht **Seßhafte**, als fahrende Händlerin: **Und was möcht schon das Seßhaftwerden nützen. Die Seßhaften sind zuerst hin.** (ebd.)

Drei Jahre später, auf winterlicher Straße, hören Kattrin und die Courage im Vorbeiziehen aus einem Bauernhaus ein anderes Lied:

Es kann uns wenig geschehen.
Wir habens Dach gerichtet

Mit Moos und Stroh verdichtet.
Wohl denen, die ein Dach jetzt han,
Wenn solche Schneewind wehen. (98)

Im Modellbuch heißt es dazu: **Sie hören die Stimme aus dem Bauernhaus, bleiben stehen, horchen, setzen sich mit ihrem Wagen wieder in Bewegung. Was in ihnen vorgeht, soll nicht gezeigt werden; das Publikum kann es sich denken.**[56]

IV

Die stumme Kattrin, die sehr gut hören und sehen kann, hat es als Erste gemerkt: Eilif lässt sich von Rekrutenwerbern das Handgeld zustecken, mit dessen Annahme er sich unwiderruflich zum Kriegsdienst verpflichtet. Die Mutter, eben noch entschlossen, ihren Sohn mit dem Messer vor der Anwerbung zu schützen (**Probierts nur und stehlts ihn. Ich stech euch nieder.**, 13), hat sich hinter ihren Wagen zurückgezogen wegen eines Handelsgeschäfts. Sie sieht und hört nichts. Kattrin **springt vom Wagen und stößt rauhe Laute aus** (18), sie wird nicht verstanden. (Ihr Kassandraschicksal erweist sich auch in Szene 3, als sie ihren tumben Bruder vergeblich vor einem Spion zu warnen versucht.) Die Courage verliert ihr erstes Kind über einem Handel, sie wird auch ihr letztes so verlieren. Als Eilif erschossen wird, ist sie auf dem Markt um wegen des vermeintlichen Friedensschlusses eilig Waren abzustoßen (Szene 8); sie ist in der Stadt **ihren Schnitt machen** (107), als Kattrin stirbt. Jedes Mal stirbt ihr ein Kind über einem Handel. **Sie ist Geschäftsfrau, weil sie Mutter ist, sie kann nicht Mutter sein, weil sie Geschäftsfrau ist.** (BRECHT in: *DIALEKTIK IN DER COURAGEFIGUR*)[57]

V

Wir können nix machen […] Ja, wir können nix machen […] Bet, armes Tier, bet! Wir können nix machen. (101) Das Gebet der Bauersleute in Szene 11 ist Ausdruck ihrer Unfähigkeit zur Tat. Sie sehen sich **in Gottes Hand**, wobei der aufmerksame Zuschauer sich an die ironische Verfremdung dieser Redensart durch die Courage erinnert: **Ich glaub nicht, daß wir schon so verloren sind.** (40) BRECHT will Auswege zeigen aus der scheinbaren Auswegslosigkeit. Er lässt durch die stumme Kattrin erweisen, dass man doch etwas machen kann. Ihre Trommelschläge, mit denen sie die belagerten Stadtbürger von Halle zur Gegenwehr weckt, sollen als revolutionäre Tat gewertet werden, die auch gleich im Bauernsohn einen Nachfolger findet. Die leiernden Lamentationen der Bäuerin, das starre **Zeremoniell der Verzweiflung**[58], werden kontrastiert von einer verzweifelten Gegenwehr, einer befreienden Tat.

VI

BRECHT war stolz auf den Einfall seiner Frau Helene Weigel, als sie in der Inszenierung von 1949 das Eingangslied des Vorspiels nicht schwungvoll und frech, sondern **als Geschäftslied, Lied der aktualen Repräsentation,** singen wollte.[59] Das Bekenntnis der Courage zum Krieg als Fortsetzung des Geschäftslebens mit anderen Mitteln kommt auch in ihrer knappen Antwort an den Feldwebel zum Ausdruck: **Wer seid ihr? – Geschäftsleut** (8). In ihrer zynischen, desillusionierenden Nüchternheit sieht sie den Kriegstod als ausgemacht an, aber nur für die andern. Für sie und ihre Familie ist der Krieg ein Geschäft. **Kanonen auf die leeren Mägen / Ihr Hauptleut, das ist nicht gesund. / Doch sind sie satt, habt meinen Segen / und führt sie in den Höllenschlund** (9).

Aber das Lied ist noch nicht zu Ende. Die dritte Strophe erklingt am Ende des Stückes, es ist nicht mehr die Courage, die singt. Melodie, Rhythmus und Refrain sind geblieben, der Text klingt anders: **Der g'meine Mann hat kein Gewinn** (108).

Es ist ein aufbegehrender, revolutionärer Ton hineingekommen: **Ein Dreck sein Fraß, sein Rock ein Plunder / Den halben Sold stiehlts Regiment** (ebd.). Die Courage aber nimmt diesen Ton nicht auf.

Die Umrahmung des Stückes durch das Couragelied und seine Variation zeigt in künstlerischer Form die Wandlungsunfähigkeit der Händlerin, die dem Zuschauer als fehlerhaft und vermeidbar bewusst werden soll. Er stellt fest: Es ist immer das gleiche Lied. Aber er fragt sich auch: Ist es wirklich noch das gleiche Lied?

3.3.3 Der ›Chronik‹-Stil

Der Untertitel der MUTTER COURAGE: **Eine Chronik aus dem Dreißigjährigen Krieg** schien BRECHT selbst erläuterungsbedürftig. In seinem Gespräch mit Friedrich Wolf über FORMPROBLEME DES THEATERS AUS NEUEM INHALT setzt er den Begriff *Chronik* gleich mit dem Gattungsbegriff *History* aus der elisabethanischen Dramatik. Er wollte mit dem Wort *Chronik* keinen Anspruch auf historische Faktizität erheben. **Nötig ist freilich, daß Chroniken Tatsächliches enthalten, das heißt, realistisch sind.**[60]

Nun denkt man allerdings bei *History* in erster Linie an die Königsdramen SHAKESPEARES. BRECHT, der mit MARLOWES LEBEN EDUARDS II. VON ENGLAND selbst ein englisches Historiendrama bearbeitet und inszeniert hatte, kannte natürlich die englische Renaissancedramatik genau und wusste auch, dass die moralischen und ordnungspolitischen Tendenzen, die SHAKESPEARE in der dramatisierten Rivalität der Häuser

Lancaster und York zum Ausdruck brachte, der Verherrlichung seiner Herrscherin und des Hauses Tudor dienten.

Ein solcher propagandistischer Geschichtsmythos lag BRECHT fern; er wollte eine *realistische* Darstellung von der Geschichte geben. Der Begriff *History* ist dafür nur bedingt tauglich.

Im Modellbuch zur MUTTER COURAGE von 1949 benutzt er denn auch statt *Chronik* den Begriff *Historie*. Der Assoziation dieses Wortes an die *Deutschen Volksbücher* der Renaissance ist er sich dabei sicher bewusst: EINE SEHR LUSTIGE HISTORI VON DEM RITTER MIT DEN SILBERN SCHLUSSELN UND DER SCHONENN MAGELONNA; EINE WUNDERSCHÖNE HISTORIE VON DEM GEHÖRNTEN SIEGFRIED; HISTORIA VON D. J. FAUSTEN. Der Anspruch der Volksbuchdichter, dass ihre Geschichten bei all ihrer krausen Abenteuerlichkeit als wirklich geschehen geglaubt werden sollten, kommt BRECHTS Anmutung nahe, der Zuschauer sollte seine Dramenhandlung als *realistische* Darstellung historischer Ereignisse, sozusagen als *chronikalisch verbürgt* betrachten. Einen solchen Anspruch musste er bei der völligen Unverbürgtheit der Couragehandlung erläutern. Im ARBEITSJOURNAL I findet sich unter dem 22. 4. 41 (S. 195) die Eintragung: **warum ist die COURAGE ein realistisches werk? es bezieht für das volk den realistischen standpunkt gegenüber den ideologien: kriege sind für völker katastrophen, nichts sonst, keine erhebungen und keine geschäfte.** Und etwas früher heißt es dort: **die MUTTER COURAGE durchstudierend, sehe ich mit einiger zufriedenheit, wie der krieg als riesiges feld erscheint, nicht unähnlich den feldern der neuen physik.** (Eintragung vom 5. 1. 41, S. 166)

BRECHTS historisches Interesse zielt weder auf Objektivität noch auf archivarische Entdeckungen, sondern auf ein Geschichtsbild. Wie in den Eisenfeilspänen eines magnetischen Feldes sollen Kräfte sichtbar gemacht werden, die auf Menschen und Ereignisse einwirken. Es soll erkennbar werden, dass diese Kräfte nicht übermenschlicher Herkunft sind, sondern bestimmt von politischen und sozialen Machtkonstellationen. Vor allem will er sein Stück nicht als historische Tragödie missverstanden sehen. Das Schicksal der Courage ist kein unausweichliches Verhängnis, sondern ein verhängnisvoller Irrtum. Die historische Gesetzlichkeit in dieser *Felddarstellung* resultiert nicht aus dem Eingriff übermenschlicher Mächte, sondern aus menschlichen Fehlentscheidungen.

Mit dem Begriff *Feld* wählt BRECHT bezeichnenderweise ein physikalisches, kein philosophisches Bild, um sein Verständnis eines *Theaters im wissenschaftlichen Zeitalter* auszudrücken. Ihn faszinierte die Beweiskraft naturwissenschaftlicher Demonstrationen, ihre Unumstößlichkeit.

3.4 Die Sprache der Courage

Was theatralische Verfremdung ist, hat BRECHT auf dem Münchener Jahrmarkt gelernt. Dort haben ihn in seiner Jugend die vertrackten Unsinnsdialoge des Volksschauspielers Karl Valentin sehr beeindruckt. Durch seine groteske Gestalt, die dürre Spinnenhaftigkeit seiner Figur, noch gesteigert durch die Kostümierung – Röhrenhosen, enge Trikots und aufgeklebte Spitznase – wendete Valentin seine Komik ins Tragikomische. Als einen **durchaus komplizierten, blutigen Witz** bezeichnete BRECHT den Komiker.[61] Die todernste Maskenhaftigkeit, die er in seinen grotesken Dialogszenen durchhielt, verstand BRECHT als etwas Paradigmatisches: **Hier wird gezeigt die Unzulänglichkeit aller Dinge, einschließlich uns selber.**[62] In Valentin stellten sich ihm die sozialen Katastrophen der kleinbürgerlichen Großstadtmenschen dar. Seine Rollenfiguren sah er als Sozialmasken, in denen sich die gesellschaftlichen Widersprüche enthüllten. Die groteske Verzerrung, für Valentin ein bloßes Mittel theatralischer Komik, wird in BRECHTS Interpretation zum Sinnbild desolater Sozialbeziehungen. Schon der vormarxistische BRECHT sieht soziale Fehlerhaftigkeit als Ursache tragischer Schicksale. Es gibt nichts Unwiderrufliches. Die sozialen Verhältnisse sind änderbar, Widersprüche lassen sich auflösen.

Später wird BRECHT auf die theatralischen Veranstaltungen der alten Volksjahrmärkte, auf die Malweise der Bänkelsängertafeln und die Sprechweise der Zirkusclowns hinweisen, um seinen Begriff einer gestisch-erzählerischen Schauspielkunst zu verdeutlichen. Sicher hatte er dabei auch die Wirtshausauftritte des Karl Valentin im Sinn.

In Valentins Unsinnsdialogen fand BRECHT schließlich auch die Muster seiner sprachlichen Verfremdungstechnik. Die **windschiefe Logik und vertrackte Dialektik**[63] der Valentin-Sprache ähnelt den listigen Wortwitzen und entlarvenden Sinnverdrehungen der Mutter Courage. Was allerdings bei Valentin nichts ist als Irrwitz und Skurrilität, wird bei BRECHT zu einem sehr bewussten, mit didaktischer Absicht eingesetzten Mittel politischer Aufklärung. Aus dem Komödiantenspaß wird Lehrtheater, aus dem reinen Spiel mit sprachlichen Paradoxien und Mehrdeutigkeiten ein subversives Medium zur Verkündigung politischer Wahrheit.

Gängige Sprachmuster umzumontieren, um erstarrte Denkgewohnheiten aufzulösen, bereitete BRECHT offenbar ein besonderes Vergnügen. Manchmal genügt ihm die Änderung eines Satzzeichens um den Sinn einer Aussage in sein Gegenteil zu verkehren. Aus der frommen Redensart *Der Mensch denkt, Gott lenkt* macht die Courage: **Der Mensch denkt: Gott lenkt. Keine Red davon.** (59)

Der besondere Sprachwitz der Courage zielt auf Enthüllung und Entlarvung. Mitunter entlarvt sie sich auch selbst: **Heeresgut nehm ich nicht. Nicht für den Preis.** (25) Mit Schlagfertigkeit enttarnt sie leere Phrasen. **Der Werber: Im Lager, da brauchen wir Zucht. / Mutter Courage: Ich dacht Würst.** (10) – **Der Feldprediger: Wir sind eben jetzt in Gottes Hand. / Mutter Courage: Ich glaub nicht, daß wir schon so verloren sind.** (40) Ihr nüchterner Realismus und ihre Lebenserfahrung artikulieren sich in ihrem witzigen Skeptizismus: **Wenn es wo so große Tugenden gibt, das beweist, daß da etwas faul ist.** (25) – **Die Liebe ist eine Himmelsmacht, ich warn dich.** (33) Zitate und Redensarten macht sie sich passend, indem sie sie auf den Kopf stellt. **Sein Licht muß man unter den Scheffel stellen,** sagt sie, als sie ihrer Tochter das Gesicht mit Asche einreibt um sie vor der Schändung durch die Soldaten zu bewahren. (38) **Die Ehr ist verloren, sonst nix,** variiert sie den Ausspruch Franz' I. nach der Schlacht bei Pavia um auszudrücken, dass die Niederlage der Großen die kleinen Leute nichts angeht.

Der Volkston ihrer Rede verstärkt sich durch die bayrisch-alemannische Dialektfärbung. Sie benutzt den Akkusativ für den Dativ – **mit die Säbel** (55); **mitn Wagen** (93) – und das Wort ›wo‹ als Relativpronomen: **Der Schwede, wo Hörner aufhat** (40); **Der Alte, wo beinah mein Wagen gekauft hätt.** (84) Manche Ausdrücke sind reine Dialektsprache: **Ranken** (7) für *Brocken* (von lat. *runcus*), **Krampen** (62) für *grober Mensch* (von *Krampus* für den Nikolaus), **Menscher** (55) für *Dirnen*, **umgstanden** (10) für *umgefallen*. Die Beziehung der Courage zum Koch Lamb beruht unter anderem auf der Gemeinsamkeit ihrer Sprache. In seinem Sprachwitz ist der Koch der Marketenderin ebenbürtig. Er äußert sich allerdings vor allem politisch subversiv. Mit gewagten Paradoxien verspottet er die Mächtigen des Krieges:

> In einer Weis ist es ein Krieg, indem daß gebrandschatzt, gestochen und geplündert wird, bissel schänden nicht zu vergessen, aber unterschieden von allen andern Kriegen dadurch, daß es ein Glaubenskrieg ist, das ist klar. (34) – Anstatt daß die Polen den Frieden aufrechterhalten haben, haben sie sich eingemischt in ihre eigenen Angelegenheiten und den König angegriffen, wie er grad in aller Ruh dahergezogen ist. (35) – Freilich, wenn einer nicht hat frei werden wolln, hat der König keinen Spaß gekannt. Zuerst hat er nur Polen schützen wolln vor böse Menschen, besonders dem Kaiser, aber dann ist mitn Essen der Appetit gekommen, und er hat ganz Deutschland geschützt. Es hat sich nicht schlecht widersetzt. (35)

(Hier soll natürlich der Bezug auf die Ereignisse von 1939 mitgehört werden.)

Die Mächtigen ihrerseits entlarven sich selbst, unfreiwillig in Paradoxien, deren Widersinn ihnen nicht einmal bewusst zu werden scheint.

Feldhauptmann: Wir sind gekommen, ihnen ihre Seelen zu retten, und was tun sie, als unverschämte und verdreckte Saubauern? Uns ihr Vieh wegtreiben! (22) – Der Werber: Es ist gegen uns gesagt worden, daß es fromm zugeht im schwedischen Lager, aber das ist eine üble Nachred. (15) – [Von einem Rekruten, der sich der Anwerbung entzogen hat]: Ich hab ihn glücklich besoffen, er hat schon unterschrieben, ich zahl nur noch den Schnaps, er tritt aus, ich hinterher zur Tür, weil mir was schwant: Richtig, weg ist er wie die Laus unterm Kratzen. Da gibts kein Manneswort, kein Treu und Glauben, kein Ehrgefühl. (7)

Es gehört zur Pervertierung aller menschlichen Beziehungen durch den Krieg, dass er auch die Sprache pervertiert. Der Betrüger beruft sich auf *Treu und Glauben,* der Menschenschinder auf Humanität. Die Sinnverdrehung der Worte soll die Idealisierung des Krieges als Heuchelei enthüllen. Wo sich Edelmut verkündet, muss man wachsam sein, es steckt eine List dahinter. ›Menschlichkeit‹ dient der Verschleierung des Eigennutzes. Der Feldhauptmann hat uns beschissen, beklagt sich der Soldat, er hat die Stadt nur für eine Stunde zum Plündern freigegeben. Er ist kein Unmensch, hat er gesagt; die Stadt muß ihm was gezahlt haben. (65)

3.4.1 Sprachliche Verfremdungen

Die Auslegung der Fabel und ihre Vermittlung durch geeignete Verfremdungen bezeichnete BRECHT 1948 als das Hauptgeschäft des Theaters.[64] Sein Begriff von Verfremdung ist allerdings vieldeutig schillernd. Er ist vom Zweck bestimmt, nicht von der Form, **eingeengt auf ein Ensemble von Kunstmitteln zur Erreichung von Gesellschaftskritik.**[65] Häufiger als von *Verfremdung* spricht er daher von *Verfremdungseffekt,* verkürzt zu: *V-Effekt,* um zu zeigen, dass es ihm um die Wirkung ging, nicht um Poetik.

Nach Heinrich Lausberg liegt die Wirkung der rhetorischen Verfremdung in einem **psychischen choc**[66], hervorgerufen durch die Überraschung, wenn ein gänzlich unvermutetes Sprachmuster erscheint. **Die allgemeinste Eigenschaft des Unerwarteten in der Außenwelt ist die Abwechslung (variatio); die der Abwechslungslosigkeit entgegengesetzte Abwechslung ruft das Verfremdungserlebnis hervor.**[67]

Mit dem Phänomen der Verfremdung verbunden sieht Lausberg einen Verlust an *perspicuitas,* an Durchsichtigkeit und Klarheit der Rede. Der Künstler gibt seinem Werk gewisse Dunkelheiten mit und überläßt dem Publikum die Ausführung des Endstadiums des Werkes.[68] Das erinnert an BRECHTS Epilog zu *DER GUTE MENSCH VON SEZUAN:* **Verehrtes Publikum, los, such dir selbst den Schluß! / Es muß ein guter da sein, muß, muß, muß!** Es erinnert aber auch an die Dichter der deutschen

Früh- und Hochromantik, denen die Lizenz der *Dunkelheit* in ihrer Zugewandtheit zur *Nachtseite* der Welt sehr entgegenkam. Für NOVALIS ist **die Kunst, auf eine angenehme Art zu verfremden, geradezu das Grundprinzip der Poetik.**[69] BRECHTS Begriff der Verfremdung lässt sich dazu deutlich konstrastieren. Ihm geht es nicht um Wortmagie, um die Sichtbarmachung einer *heimlichen Welt* hinter der Welt durch Poesie, sondern um die Erkennbarmachung der heimlichen Antagonismen in der sozialen Wirklichkeit. Er will nicht verzaubern, er will entzaubern. Seine Verfremdungskunst ist alles andere als *angenehm,* sie ist eine besonders boshafte Form der Ironie im ursprünglichen griechischen Wortsinn von *eironeia,* nämlich *Kunst der Verstellung im Reden.* Sie ist eine Sprachlist, die dem Sprecher erlaubt, ungestraft subversive Wahrheiten auszusprechen, die Tarnsprache des heimlich aufsässigen Untertanen. BRECHT hat selbst auf das literarische Vorbild für seine Verfremdungsmuster hingewiesen: auf JAROSLAV HAŠEKS braven Soldaten Schwejk. Die Sprache der Mutter Courage ist die Sprache Schwejks, **dieselben gedanklichen Kurzschlüsse, dieselbe Nüchternheit des paradoxen Weiterdenkens in der Luftlinie.**[70] Sein Schwejk-Stück *(SCHWEJK IM ZWEITEN WELTKRIEG)* nannte BRECHT ein **Gegenstück zur Mutter Courage.** (AJ II, 24. 6. 43) Die verschleierte Naivität, mit der Schwejk in HAŠEKS Roman das Attentat auf den Erzherzog Ferdinand kommentiert, erscheint in den hintersinnigen Auslassungen der Courage über den Tod des Feldherrn Tilly geradezu zitiert:

> Ein Verlust ist es, das läßt sich nicht leugnen. Ein furchtbarer Verlust. Der Ferdinand läßt sich nicht durch jeden beliebigen Trottel ersetzen. Nur noch dicker hätt er sein solln [...], dann hätt ihn sicher schon früher der Schlag getroffen, wie er die alten Weiber in Konopischt gejagt hat, wenn sie in seinem Revier Reisig und Schwämme gesammelt ham, und er hätt nicht eines so schmählichen Todes sterben müssen.
> (J. HAŠEK, *DIE ABENTEUER DES BRAVEN SOLDATEN SCHWEJK,* rororo 409, S. 14 f.)

Mutter Courage (beim Sockenzählen):

> Schad um den Feldhauptmann – zweiundzwanzig Paar von die Socken –, daß er gefalln ist, heißt es, war ein Unglücksfall. Es war Nebel auf der Wiesen, der war schuld. Der Feldhauptmann hat noch einem Regiment zugerufen, sie solln todesmutig kämpfen, und ist zurückgeritten, in dem Nebel hat er sich aber in der Richtung geirrt, so daß er nach vorn war und er mitten in der Schlacht eine Kugel erwischt hat [...] Eine Schand, daß ihr euch vom Begräbnis von eurem toten Feldhauptmann drückt. (64)

Nach dem gleichen Muster wird in beiden Reden die geheime Subversivität durch Ausdrücke von Hochachtung und Trauer neutralisiert, sodass der Redende nicht belangt werden kann. (Der ungenannte Adressat der Courage ist der Regimentsschreiber, der nach Art des preußischen Gendarms bei sozialdemokratischen Versammlungen der Bismarck-Ära hier den Aufpasser spielt.)

Nach dem Schwejk-Muster werden Autoritäten, *unverstandene* große Männer, hehre Ideale wie *Glaubenskrieg, Freiheit* und *Tapferkeit,* d. h. die ganze Ideologie dieses Krieges, reduziert auf das Wirkliche: den Gewinn. Wenn man die Großkopfigen reden hört, führens die Krieg nur aus Gottesfurcht und für alles, was gut und schön ist. Aber wenn man genauer hinsieht, sinds nicht so blöd, sondern führn die Krieg für Gewinn. (36)

Die Rückführung des Idealen auf das Reale, die Entschleierung des materiellen Interesses hinter den Propagandaphrasen ist die gemeinsame Tendenz der BRECHT'SCHEN Verfremdungsmuster, die sich in den verschiedensten Stilformen artikulieren: Wortwitze, Sinnverdrehungen, Umformulierungen von Zitaten und Sentenzen, Paradoxien und gewollte Missverständnisse. Auch die Dialektfärbung wirkt verfremdend im Sinne BRECHTS, da sie nicht als folkloristisches, sondern als aufklärerisches Element verwendet wird.

3.4.2 Szenische Verfremdungen

Nach dem Muster des Züricher ANTIGONE-Modells von 1948 verfasste BRECHT auch für seine folgenden Inszenierungen Modellbücher. Sie dienten als Regievorlagen, die mit den Rollentexten an die Theater geliefert wurden. Auf Wunsch wurden auch Szenenfotos aus dem Archiv des *Berliner Ensembles* ausgeliehen, zur MUTTER COURAGE allein etwa 800.

> Zur Herstellung der Modelle machen die Regieassistenten bei den Proben Anmerkungen: über das Choreographische (Stellungen und Gruppierungen), über die Betonungen, die Vorschläge des Regisseurs, Bemerkungen des Stückeschreibers, die Drehpunkte, die sozialkritischen Punkte, über komische, tragische und poetische Momente.[71]

BRECHT bemühte sich die Theater auf seine Modellinszenierungen zu verpflichten. Mitunter musste seine Mitarbeiterin Ruth Berlau kontrollieren, ob es bei auswärtigen Inszenierungen auch richtig ›brechtisch‹ zuging. Dem Intendanten der Städtischen Bühnen Wuppertal empfahl er für seine COURAGE-Aufführung 1949, **Frau Ruth Berlau, meiner langjährigen Mitarbeiterin und ausgezeichneten Regisseurin, zu gestatten, das Grundarrangement mit den Schauspielern vornehmen zu lassen.**[72] BRECHT wollte kopiert werden. Die Inszenierung war für ihn ein unablösbarer Teil seines Dramentextes. Seine Schauspieler erhielten notfalls auch brieflich Regieanweisungen: **Lieber Schall, ich höre, die Zeltszene in der** COURAGE **leide etwas drunter, daß Sie die Betrunkenheit des Eilif übertreiben. […] Bitte korrigieren sie den Eilif ohne mich.**[73]

Dabei wollte BRECHT vor allem darstellerische Überzeichnungen vermeiden. Sein Regiestil lief auf eine Reduzierung des Mimischen und eine Verstärkung des Gestischen hin. Der Sprechstil blieb dabei sekundär; er sollte nur auf keinen Fall *einfühlsam* sein, sondern demonstrativ. Die puristische Phonetik der deutschen Bühnenaussprache hielt BRECHT für manieriert. Er empfahl, sie durch volkssprachliche Färbung aufzurauen. **Das Volk spricht im Dialekt. Wie sollen unsere Schauspieler das Volk abbilden und vom Volk sprechen, wenn sie nicht auf ihren eigenen Dialekt zurückgehen und [...] in das Bühnenhochdeutsch einfließen lassen?**[74]

Vor allem aber sollte der Schauspieler das unterlassen, was er bisher als das höchste Ergebnis seiner Kunst betrachtet hatte: die restlose Identifizierung mit seiner Rolle. Dem Postulat Stanislawskis: **Wenn ich Ihnen den König Lear gebe, dann sind Sie König Lear**, setzte er kühn entgegen: **Das Urteil, ›er spielte nicht den Lear, er war Lear‹, wäre vernichtend.**[75] Der Schauspieler sollte nicht in, sondern neben seiner Rolle stehen. Für die Proben empfahl er Hilfsmittel zur Erzielung eines distanzierten Darstellungsstils: 1. **Die Überführung in die dritte Person.** 2. **Die Überführung in die Vergangenheit.** 3. **Das Mitsprechen von Spielanweisungen.**[76] In den Proben zur 11. Szene der *MUTTER COURAGE* sollte der dramatischen Situation zum Trotz der Eindruck **einer wilden Aufregung auf der Bühne** unbedingt vermieden werden. Die Darsteller wurden angehalten jedem ihrer Sätze hinzuzufügen: **sagte der Mann, sagte die Frau.**[77] Der Text sollte wie ein Zitat wirken.

Die entscheidenden szenischen Verfremdungsmittel lagen aber im Nichtsprachlichen. Der reduzierte, ganz auf rationale Verstehbarkeit gerichtete Inszenierungsstil erforderte ein höchst präzises szenisches Arrangement. Jeder Stellungswechsel auf der Bühne, jede Neugruppierung, ja jede Hand- und Kopfbewegung bringen eine gestische Nuance zum Ausdruck. Der Regisseur BRECHT war von einer unerbittlichen Detailgenauigkeit. Er sprach von *minutiöser Pantomime* und machte davon die Wirkung einer Szene abhängig.

BRECHT spricht von der *Erzählung* des Stückes, nicht von seiner Handlung, von der *Bildhaftigkeit* der Vorgänge, nicht von ihrer Vergegenwärtigung. Die distanzierende Sprachhaltung der indirekten Rede bestimmt seine Bühne.

Der folgende Versuch einer systematischen Auflistung gestischer und pantomimischer Verfremdungen beruht auf BRECHTs und Helene Weigels Materialien zu den *COURAGE*-Inszenierungen von 1949 und 1951 (im *COURAGEMODELL*, 1949 und in *THEATERARBEIT*, 1952). Daraus sind fünf Funktionstypen ablesbar:

I: Widersprüchlichkeit
 Eine Tätigkeit, eine Verrichtung oder eine körpersprachliche Geste steht in offenbarem Widerspruch zur Rede einer Person und *verrät* sie.

II: Charakteristik
 Eine auffällige Geste oder eine heftige körperliche Bewegung einer Person verdeutlicht meist unvermittelt und überraschend bisher verborgen gebliebene Charakterzüge.

III: Enthüllung
 In der Funktion gleichbedeutend mit der Charakteristik, im Gestaltungsmittel unauffälliger, beiläufiger.

IV: Affirmation
 Starke pantomimische Bekräftigung einer Gemütsbewegung.

V: Symbolik
 Verbildlichung eines tragenden Erzählmotivs durch Gestik und Bewegung.

Beispiele:

zu I
– Nach der Verunstaltung ihrer Tochter verflucht die Courage den Krieg. Gleichzeitig aber klaubt sie sorgsam die Vorräte zusammen, bei deren Verteidigung Kattrin sich ihre Verletzungen geholt hat. (Szene 6)
– Bei den Worten: **Glaub nicht, daß ich ihm deinetwegen den Laufpaß gegeben hab,** füttert die Courage ihre Tochter liebevoll mit Suppe. Kattrin soll das Gefühl der Dankbarkeit erspart bleiben. Es zeigt sich **die unbeholfene Höflichkeit vieler kleiner Leute, welche den Opfern, die sie bringen, eigensüchtige Motive unterschieben.**[78] (Szene 9)

zu II
– Als in der Eingangsszene die Courage dem Feldwebel nach dem erfolgreichen Schnallenhandel Schnaps holt, reißt sie ihm die Schnalle mit einer heftigen Bewegung noch einmal weg. Sie muss erst in die erhaltene Münze hineinbeißen. Der Zuschauer erfährt etwas von der Erfahrenheit und dem Misstrauen der Händlerin und ahnt, dass beides sehr nötig ist in der Welt, in der sie Handel treibt. (Szene 1)
– Bevor die Courage die Kanone retten lässt, rettet sie ihre Wäsche. (Szene 3)
– Die Courage entreißt einem Landsknecht, der ihr Schnaps gestohlen hat, einen erbeuteten Mantel. **Mit einem wahren Tigersprung auf den zechprellerischen Landsknecht stopft Mutter Courage den Pelzmantel in den Wagen.**[79] Ihre Natur einer **Hyäne des Schlachtfeldes** kommt hier ganz elementar zum Ausdruck. (Szene 5)

zu III
– Als die Courage den Bauern Geld für das Begräbnis ihrer Tochter Kattrin gibt, fischt sie ein paar Münzen aus ihrer Geldtasche, legt eine zurück und gibt den Bauern den Rest. (So in der Darstellung der Weigel). Selbst in der äußersten Verstörtheit bleibt sie Händlerin. (Szene 12)
– Der Feldhauptmann reicht Eilif den Weinkrug, guckt aber vorher hinein um festzustellen, dass nicht mehr viel drin ist. (Szene 2)
– Die Courage weigert sich für die verwundeten Bauern Verbandsstoff herauszugeben. Dabei trägt sie sehr demonstrativ sichtbar ihre große Geldtasche auf dem Bauch. (Szene 5)

zu IV
Unterschiedliche Darstellung von Helene Weigel und Therese Giehse bei der Verleugnung des toten Sohnes Schweizerkas:

> – Die Weigel, ihren Schrei verschluckend, indem sie die Unterlippe vorschiebt und die Zähne an die Oberlippe preßt, zeigt, daß da nichts Menschliches herauskommen darf. Sie geht, ihren Rücken wie vor einem Schlag schützend, ein wenig gebeugt, den Kopf gesenkt, niemals dem Feldwebel ins Auge blickend, zur Bahre ihres toten Sohnes […] Ihr Gang von der Bahre zurück ist schwerer. Sie geht langsamer, ihren Kopf tiefer gesenkt. Nochmals gefragt vom Feldwebel: ›Was, du hast ihn nie gesehen?‹ schüttelte sie den Kopf, als wäre sie ein angepflockter Stier, dem jede Drehung des Kopfes Schmerzen macht. Wie eine Diebin schaut sie der Leiche nach, wenn sie herausgetragen wird. Die Giehse geht einen ganz anderen Weg. In einer herausfordernden, ja eitlen Haltung geht sie zur Bahre, als folge sie einer beleidigenden Zumutung. Ihr Gang ist frech und wiegend, an der Bahre steht sie kerzengerade. Mit ihren Augen hält sie die Augen des Feldwebels fest, sie vermag nicht, ihren Sohn anzusehen […] Ihr Kopfschütteln ist eine kleine, völlig gleichgültige pro forma-Aussage. Wie eine Gräfin geht sie von der Bahre weg, um ihren Sitz am Faß neben Kattrin wieder einzunehmen […] Wenn die Leiche herausgetragen wird, schaut die Courage der Giehse ihr nicht nach. Ohne Übergang und lautlos fällt sie vom Hocker.[80] (Szene 3)

– Mühselig hochhumpelnd verbeugte sich die Courage tief auf halber Treppe, als stünde die Tür ins Pfarrhaus offen […] Das mühselige Hochklimmen zeigte, wie alt sie war, da sie eine Bleibe ausschlug; die Bettlerverbeugung, was für ein Leben sie auf der Straße zu erwarten hatte.[81] (Szene 9)
– Als es heißt, dass noch lange kein Frieden zu erwarten sei, läuft die stumme Kattrin hinter den Marketenderwagen um ihren Schmerz in der Einsamkeit zu verbergen. (Szene 6)

zu V
- Der Werber löst Eilif aus dem Zuggurt des Marketenderwagens. Er nimmt ihm das Joch ab um ihm ein anderes aufzulegen. (Szene 1)
- Der Koch vollzieht die Zubereitung des Kapauns mit **theatralischer Eleganz**.[82] Er zeigt sich als Don Juan, animiert durch eine neue erotische Beziehung. (Szene 2)
- Der senile Liebhaber der Yvette, ein alter Obrist aus degeneriertem österreichischem Adel, drückte bei jeder zärtlichen Annäherung an seine Geliebte seinen Stock in den Boden, der sich bog und sogleich wieder zurückschnellte – ein symbolischer Ausdruck seiner Impotenz. (Szene 3)
- Auf die Liebeswerbungen des Feldgeistlichen holt die Courage die Stummelpfeife des Kochs hervor, die sie drei Jahre für ihn aufbewahrt hat, und zündet sie an. Der Feldgeistliche muss erkennen, dass sein Antrag aussichtslos ist. (Szene 6)

Außer in der Gestik und in der Pantomime vollzieht sich der *Gestus des Zeigens* durch Bühnenbild, Dekoration und Requisit.

Das Stück spielt in drei wiederkehrenden, nur geringfügig variierenden Szenerien:
- Landstraße (1; 7; 10)
- Feldlager (2; 3; 4; 6; 8)
- Dorf (5; 9; 11)

Szene 12 wiederholt symbolisch bedeutsam die Eingangsszene mit einem offenen Rundhorizont: Das Ende mündet in den Anfang, die Kreislinie des rollenden Planwagens schließt sich. So herrscht auch im Bühnenbild das Gesetz der Reduktion. Die Aufbauten waren **realistisch nach Bauart und Baumaterial, aber in künstlerischer Andeutung, nur so viel davon, wie dem Spiel dienlich war.**[83] Die Drehbühne, gegenläufig zur Richtung des Planwagens kreisend, symbolisiert eine Bewegung der Sinnlosigkeit: Die Courage lernt nichts, sie dreht sich weiter im Kreis.

BRECHT traute der Fantasie des Zuschauers zu in gleichen Schauplätzen Verschiedenes zu sehen. Er berief sich dabei auf das elisabethanische Theater und sein Publikum, das sich auf kahler Bühne Wald, Heide oder Paläste selbst imaginieren musste. Der gleiche Rundhorizont bei gleicher Beleuchtung bedeutet am Anfang des Stücks **eine freie Landschaft, sich darbietend dem Unternehmungsgeist der kleinen Marketenderfamilie,** am Ende dagegen **eine nicht auszumessende Wüstenei. Eine poetische Regung im Gemüt des Zuschauers ist vonnöten, damit diese Illusion zustande kommt.**[84] Da BRECHT auch die Verwendung von farbigem Licht als unzulässige Stimmungsmache ablehnte, ruhte hier alle Wirkung auf der überzeugenden Darstellung. Bühnenumbauten wurden durch einen halbhohen Zwischenvorhang, die *Brechtgardine*, dem Zuschauer mehr verraten als verborgen. Macht mir / meine Gardine halbhoch, sperrt mir die Bühne nicht ab! / Zurückgelehnt werde der Zuschauer der geschäftigen Vorkehrungen gewahr, die für ihn / listig getroffen werden.[85]

Die Lichtquellen mussten sichtbar sein, ebenso wie die Musiker, die bei der Erstaufführung im Deutschen Theater in einer Seitenloge platziert waren. Auf der Bühne BRECHTS wurde nicht gezaubert, sondern für alle deutlich erkennbar gearbeitet. Kostüme sollten individuelle Merkmale tragen sowie die der Klasse. Sie sind längere oder kürzere Zeit getragen, aus billigerem oder teurerem Stoff, besser oder schlechter instand gehalten und so weiter.[86] Eilif ist am Anfang seiner Soldatenlaufbahn ärmlich gekleidet, am Ende, wohlhabend geworden durchs Beutemachen, sehr kostbar. Er stirbt reich. Die Lagerhure Yvette, am Beginn der 3. Szene noch mit den Requisiten der Dirne ausgestattet – rote Stöckelschuhe, bunter Hut –, ist als Obristenliebchen in schwarze Seide gekleidet. Sie stopfte sich aus, bis sie wie eine kleine Tonne aussah, verwandte pfundweise Puder, sprach kurzatmig und trug watschelnd ihren Bauch vor sich her wie eine Sehenswürdigkeit.[87]

Requisiten und Versatzstücke sind nicht einfach Bühnenausstattung, sie spielen mit, die Fabel erzählend.[88] Dabei soll jedes Stück exquisit sein. Der Tabaksbeutel der Courage muß die Schönheit und Haltbarkeit alten Leders haben, damit er mit Grazie gehandhabt werden kann.[89]

Ruth Berlau erzählt gerührt von einem alten holländischen Requisiteur, der für die Rotterdamer Aufführung (1950) einen alten Kupferkessel, den die Theaterkasse nicht bezahlen wollte, fast auf eigene Rechnung gekauft hätte. Auch die Schönheit der Requisiten hatte Beweiskraft für die Fabel. Die Geldtasche / der hitzigen Marketenderin! Jedwedes Stück / ihrer Waren ist ausgesucht, Schnalle und Riemen, / Zinnbüchse und Kugelsack, und ausgesucht ist / der Kapaun und der Stecken, den am Ende / die Greisin in den Zugstrick zwirlt.[90]

Dabei wechselte, dem Auf und Ab des Krieges und der Geschäfte folgend, die Qualität der Versatzstücke. Die Plane des Marketenderwagens war einmal heil und reinlich, dann wieder schäbig und zerschlissen. An ihr war der jeweilige soziale Status der Händlerin abzulesen.

Bei aller Kargheit und strengen Stilisierung überzeugte dieses Theater sein Publikum. 49 Vorhänge an beiden Abenden!, jubelte Ihering nach dem Leipziger Gastspiel 1949. Es kann keinen stärkeren Beweis für die Wirksamkeit des sogenannten Brecht-Stiles geben als die Erschütterung, die ein im Anfang bestimmt widerstrebendes Publikum an diesen Abenden erfuhr.

Ob diese Erschütterung nur der gestischen Demonstration gesellschaftlicher Widersprüche entsprang, wie BRECHT es wollte, ist zweifelhaft. Vielleich war hier doch etwas im Spiel, was BRECHT durchaus nicht wollte, nämlich eine Katharsis im aristotelischen Sinn.

3.4.3 Verfremdung durch Songs und Musik

Der Vorwurf des *Formalismus* und der *volksfremden Dekadenz*, von Kulturfunktionären der DDR gegen BRECHT erhoben, richtete sich vor allem gegen die Musik zur MUTTER COURAGE. Dabei hatten sie gegen die parteipolitische Zuverlässigkeit des Komponisten Paul Dessau nichts einzuwenden, der sich schon in der Arbeiter-Musik-Kultur der zwanziger Jahre einen Namen gemacht hatte. Es ging um das verfremdende Gesamtarrangement von Musik und Text. Die Songs, hieß es, hätten den Charakter von couplethaften Einlagen nach Art einer Musikrevue, sie seien überflüssige und unorganische Einsprengsel in die Handlung, belehrend und aufdringlich kommentarhaft, ebenso wie die Zwischentitel, **derer das Publikum bald überdrüssig werden würde.**[91]

Zu seiner Rechtfertigung verwies BRECHT auf den Chor der griechischen Tragödie, der in ähnlich intermittierender Weise wie seine Songs ein reflektorisches Element in den Gang des Dramas einbrächte. An seinem ANTIGONE-MODELL, 1948, hatte er ein Jahr zuvor gezeigt, wie man den Chor zur aktualisierenden Verfremdung eines klassisch-antiken Textes nutzen konnte; er formulierte den sophokleisch-hölderlinschen Text frei um:

SOPHOKLES, ANTIGONE	BRECHT
Der großnamige Sieg ist aber gekommen.	Der großbeutige Sieg ist aber gekommen.

Mit der Veränderung eines Wortes verändert sich eine ganze Weltsicht: Der ideelle Anspruch (*großer Name* = Ruhm, Ehre) enthüllt sich als materielles Interesse (Kriegsbeute). Wie der Chor der thebanischen Bürger sind auch Songs und Musik **eine Form zur Erregung eingreifenden Denkens.**[92]

Drei Komponisten haben Vertonungen zur MUTTER COURAGE geliefert. 1940, in der finnischen Emigration, hat im Auftrag BRECHTS der Finne Simon Parmet Melodien zu den Courage-Liedern geschrieben und mit der Orchestrierung begonnen. BRECHT hat ihm seine Vorstellungen ausführlich erläutert. Er wollte keine Musik für Sänger, sondern für singende Schauspieler ohne besondere gesangliche Qualifikation. **Liefern Sie die Melodie dem Unmusiker, dem Schauspieler aus,** riet er Parmet.[93] Er stellte sich die Musiknummern als mechanische Einsprengseln vor, etwas darin von dem plötzlichen Aufschallen jener Butiken-Apparate, in die man einen Groschen wirft.[94] Ein halb gesungener, halb gesprochener Vortrag mit scheppernder Orchestrierung war es, was ihm vorschwebte.

Unterdessen hatte Leopold Lindtberg, der Regisseur der Züricher Uraufführung der COURAGE, an Paul Burkhard einen eigenen Kompositionsauftrag für die COURAGE-Musik erteilt, mit der das Stück aber nur 1941 und noch einmal 1945 bei einer Wiener Wiederholungsaufführung gespielt wurde. Später verpflichtete BRECHT die Theaterverlage auf die Musik von Paul Dessau. Die Musik von Parmet ist verschollen.

Dessaus Vertonung entstand 1946 in Santa Monica/Kalifornien in einer sehr engen Zusammenarbeit des Komponisten mit dem Autor. Dabei erarbeitete BRECHT auch noch Textänderungen. Ein Song der Urfassung, das »Lied von Pfeif- und Trommelhenny«, im Text eine Variation des »Surabaja-Songs« aus »Happy End«, wurde ersetzt durch das Lied vom »Fraternisieren«. Dieses Wort, vor Kriegsende im deutschen Umgangswortschatz nicht enthalten, kam durch die US-Militärregierung in Gebrauch. Sie hatte ein *Fraternisierungsverbot* für die Besatzungsarmee im Umgang mit den Deutschen erlassen. Seitdem verstand man *fraternisieren* als Soldatenliebschaft. Auf diese Weise aktualisierte BRECHT seinen Text bereits 1946 für das deutsche Nachkriegspublikum.

Paul Dessau vertonte zehn Liedtexte für die MUTTER COURAGE. Auf Anregung des Schauspielers und Sängers Ernst Busch fügte er später noch in Szene 2 das »Pfeifenpieterlied« nach einer holländischen Volksweise hinzu. (**Nix Bessres als die Pfeif** […]) In den gängigen Textausgaben erscheint es nicht. Außerdem gehören zwei Märsche (Sieges- und Trauermarsch), ein kurzes Vorspiel und ein Finale, das die Marschthemen zusammenfasst, zur Vertonung.

Die Liednummern in der Reihenfolge ihres Vortrages (außer »Pfeifenpieterlied«) heißen:

1) Das »Couragelied« (auch: »Geschäftslied der Courage«), als Auftrittslied der Courage in Szene 1, in den Szenen 8 und 12 wieder aufgenommen.
2) Das »Tanzlied des Eilif« (Text fast wörtlich aus der HAUSPOSTILLE von 1927)
3) Das »Lied vom Fraternisieren«
4) Das »Horenlied« (**In der ersten Tagesstund** […])
5) Das »Lied von der Kapitulation«
6) »Das Reiterlied« (**Ein Schnaps, Wirt** […])
7) »Das Kriegslied« der Courage (**Und geht er über deine Kräfte** […]) – Anklang an Eingangs- und Schlusslied

8) »Der Salomon-Song« (Text mit einigen Ergänzungen übernommen aus der Dreigroschenoper)
9) »Das Lied von der Bleibe« (**Uns hat eine Ros ergetzet**)
10) Das »Wiegenlied« für Kattrin. (**Eiapopeia [...]**)

Für das »Couragelied« benutzte Dessau eine altfranzösische Romanze als Vorlage. Die anderen Liedmelodien sind freie Erfindungen. Im »Lied von der Bleibe« zitiert er sich selbst mit einer Liedkomposition von 1924 (»Marienlied«). Nach eigenem Bekunden geht er von alten Volksliedformen aus, die er **durch rhythmische und melodische Mannigfaltigkeit** anreichert.[95]

Das »Tanzlied des Eilif« (2. Szene) erhielt **den Charakter eines dramatischen Tanzes in freier Rondoform**.[96] (Im Notenmanuskript ist notiert: **wie eine Fanfare anmutend**.) Das »Horenlied« variiert das Muster eines Stundenliedes aus der Tradition mittelalterlicher Mönchschöre. Die Melodie enthält einen versteckten Kanon. Das »Lied von der Bleibe«, taktstrichlos komponiert, hat einen archaisierenden, volksliedhaft innigen Klang. Das »Lied von der Kapitulation« dagegen mit seinen scharf akzentuierten Zäsuren wirkt rhythmisch straffer, das »Lied vom Fraternisieren« durch seine kleinen Fiorituren kunstliedhaft sentimentaler. Der »Salomon-Song« mit Harmoniumbegleitung ist eine musikalische Reminiszenz an Kurt Weill. Der schrille Fanfarenklang des »Reiterliedes« steht im Kontrast zum monotonen Singsang des »Wiegenliedes«, das Dessau sich halb gesprochen wünschte. Das »Schlusslied« als Wiederaufnahme des Eingangsliedes wird diesmal nicht von der Courage, sondern von einem Landsknechtschor gesungen.

Dessaus Orchester besteht aus sieben Stimmen: zwei Flöten, Trompete (fast durchgehend sordiniert), Schlagzeug, Gitarre, Harmonium und Wanzenklavier, ein Klavier, dessen Hämmer durch aufgesetzte Reißnägel präpariert sind. (Hiermit ließ sich der von Brecht gewünschte Orchestrionklang erzeugen.)

Nach dem Muster der Dreigroschenoper wurden die Musikstücke jedesmal durch ein Musikemblem angezeigt, ein Gebilde aus dem Schnürboden, bestehend aus Trompete, Trommel, Fahnentuch und leuchtenden Lampenbällen. Das Emblem spielte mit: In Szenen des Kriegselends, etwa zum »Salomon-Song«, sah es zerschlissen aus.

Dessau hat den Kommentar-Charakter seiner Musik bejaht. Er betonte, dass durch sie **der poetische sowohl als der politische Sinn nicht vernebelt** wurde.[97] Um den Vorrang des Textes zu wahren empfahl er einen zurückhaltenden Liedvortrag. **Überhaupt vertragen die Courage-Lieder keinen großen Ton.**[98] Die Fabel wurde durch die Musik **überhöht**, erhielt durch sie **exemplarische Geltung**.[99]

Mitunter ergibt sich auch ein kalkulierter Kontrast zwischen Musik und Fabel: auf der Bühne ein zerschossenes Dorf, schwer verwundete Bauern – im Hintergrund ein fröhlicher Siegesmarsch. Oder die Musik entlarvt: Der Schluss des »Liedes von der Kapitulation« klingt *falsch*, er gründet auf *falschen Bässen*. Das soll sagen: Die Entsagungsmoral der Courage ist falsch.

Die Liedtexte sind wesentliche Motive in der kunstvollen epischen Montage des Dramentextes. Der herrisch-selbstbewusste Gestus des Eingangsliedes, der Jetzt-komm-ich-Ton (**Mutter Courage, die kommt mit Schuhen** […]) wird am Schluss aufgehoben in dem versehrenden, tragisch-ironischen Ton des »Wiegenliedes«. Es klingt aus in Ratlosigkeit: **werweißwo**. Den hochgemuten Anspruch ihren Kindern Unversehrtheit und Wohlstand zu sichern, und zwar nur *ihren* Kindern, hat der Krieg abgelehnt. Der Zynismus, mit dem sie den Tod der anderen in Kauf genommen hatte ([…] **habt meinen Segen und führt sie in den Höllenschlund**), hat sich gegen die Händlerin selbst gerichtet.

Der Grundgestus der Courage ist eine Hybris ohne Götter. Ihre Lieder wirken ominös orakelhaft. Sie antizipieren das Scheitern und Sterben. Die musikalische Gestik soll dabei keineswegs eine schicksalhaft unabwendbare Ausgeliefertheit bezeichnen. Die Händlerin soll nicht Mitleid erwecken, sondern abschrecken, weil sie den falschen Klassenstandpunkt einnimmt: Statt der Solidarität mit den Leidenden und Niedrigen hat sie die ›Geschäftspartnerschaft‹ mit den Mächtigen gewählt.

Die beiden Adaptionen aus den zwanziger Jahren (»Tanzlied des Eilif« und »Salomon-Song«) sind überlegte Selbstzitate BRECHTS. Ihre Aussage sollte im Kontext der MUTTER COURAGE größere Überzeugungskraft gewinnen. In den Zeiten verordneter Unordnung verkehrt sich die Wertordnung des Humanen ins Zerstörerische. Die jugendlich begeisterte **Kühnheit**, der natürliche Tatendurst eines jungen Mannes führt ins Nichts **wie der Rauch**. Das Tugendstreben des Menschen entartet zum Todestrieb. **Weisheit, Selbstlosigkeit, Redlichkeit** sind in solchen Verhältnissen ebenso verhängnisvoll wie die Liebessehnsucht eines Mädchens. Nicht ein grenzenloser Wertrelativismus kommt hier zu Wort, sondern Kritik an gesellschaftlichen Zuständen, die doch änderbar sind. In den widersprüchlichen Sentenzen, die die Courage in ihr »Kapitulationslied« einschiebt (**Wo ein Wille ist, ist ein Weg – Man muss sich nach der Decke strecken**), äußert sie ihren resignativen Kommentar zu diesen Verhältnissen. Sie weiß aber auch, dass sie mit ihrer Resignation das Unrecht perpetuiert.

Im »Wiegenlied« dokumentiert sich der Widerspruch zwischen Anspruch und Wirklichkeit in ergreifender Weise. An diesem Lied stimmt nichts, von allem ist das Gegenteil wahr. Die Tochter schläft nicht, sie ist tot. Sie ist nicht **froh** gewesen, nicht **in Seid** gegangen, sie hat keine **Tort** bekommen. Von Kind auf war sie misshandelt, verunstaltet und gedemütigt worden. Ihre Sehnsucht nach sinnlicher und seelischer Liebe und nach Mutterschaft konnte sich nicht erfüllen und sie wusste es. Die Mutter wollte ihr ersparen, dass sie wie **Nachbars Bälg** greint und **in Lumpen geht** und **keinen Brocken hat**. Das alles hat sich nicht erfüllt durch die Schuld der Mutter. In der Antithese von »Geschäftslied« und »Wiegenlied« wird Mutter Courage ihres tödlichen Irrtums überführt.

4 Rollencharaktere und Sozialtypen

Die Geschichte ist nicht verbürgt, aber wie alle guten Anekdoten aufschlussreich: Nach der Züricher Uraufführung der *Mutter Courage*, heißt es, habe der Regisseur Leopold Lindtberg an Brecht telegrafiert: **Großer Erfolg. Publikum erschüttert.** Brechts telegrafische Antwort: **Sofort absetzen!**

Der Autor hat sich gegen alle emotionalen Wirkungen seines Stückes immer wieder verwahrt. Vor allem die Figur der Courage sollte nicht mitfühlend, sondern aus kritischer Distanz betrachtet werden. Brecht wollte aus seiner moralistisch-klassenkämpferischen Position heraus das Handeln der Courage eben nicht als ›natürlich‹, sondern als eine soziale Perversion gewertet wissen. Ihre gewissenlose Geschäftemacherei mit dem Krieg ist für ihn kein unentrinnbares Verhängnis, sondern eine vermeidbare Fehlentscheidung. Brecht wollte keine Schicksalstragödie schreiben, sondern eine Parabel über das Verhalten kleinbürgerlicher Mitläufer im imperialistischen Krieg. Sein episches Theater war deutlich abgesetzt gegen die griechische Tragödie. Das Schicksal des Ödipus ist von den Göttern verhängt, **sie sind nicht kritisierbar [...] Menschenopfer allerwege**.[100] Er sah jede **schicksalhafte** Determination als Atavismus an, unangemessen dem Theater des **wissenschaftlichen Zeitalters**.[101] Wie ein Rückfall in barbarische Vorstellungen muss es ihm daher erschienen sein, wenn es in einer Züricher Rezension hieß, die Courage müsse **elendiglich weiterzigeunern durch die Jahreszeiten [...] immer getrieben [...], unfrei [...], ohne Wahl**.[102]

Für die Berliner Aufführung von 1949 veranlasste Brecht daher textliche und inszenatorische Änderungen, die seine Absicht deutlicher machen sollten. Die Courage sollte weder als Niobe noch als ›Muttertier‹ gesehen werden.

Im Züricher Textbuch fehlte z. B. in der ersten Szene der Schnallenhandel der Courage mit dem Feldwebel. Die Anwerbung ihres Sohnes Eilif entgeht dort der Aufmerksamkeit der Courage dadurch, dass sie dem Feldwebel einen Schnaps aus dem Wagen holt, weil ihm bei seiner Todesprophezeiung übel geworden ist. Die Berliner Fassung macht die Courage schuldig am Schicksal ihres Sohnes. Die Szene wurde erweitert. Die Courage, die schon zur Weiterfahrt auf den Wagen geklettert ist, lässt sich durch den Zuruf **he, ihr, der Feldwebel will die Schnalle kaufen** (17), durch eine offenbare Finte also, noch einmal zum Absteigen verleiten um den Handel abzuschließen. Jetzt ist es nicht mehr ihre Weichherzigkeit, sondern ihre Profitgier, die das Verhängnis herbeiführt. Das Motiv wird sich durch das ganze Stück wiederholen: Sie verliert ihre Kinder, weil sie durch ihren Handel absorbiert ist. Nicht ihr individueller, vielmehr ihr sozialer Charakter soll durch das Stück offenbart werden.

Auch alle anderen Figuren sollen soziales Verhalten und Fehlverhalten demonstrieren. Nicht nur die Fabel ist gestisch parabelhaft, sondern auch die Personen, manchmal, wie gezeigt wird, auch auf Kosten der psychologischen Glaubwürdigkeit. Der Zuschauer soll in ihnen nicht sich selbst, sondern seine soziale Umwelt in ihrer Veränderbarkeit erkennen. Er soll nicht sagen: **Das Leid dieses Menschen erschüttert mich, weil es keinen Ausweg für ihn gibt**, sondern: **Das Leid dieses Menschen erschüttert mich, weil es doch einen Ausweg für ihn gäbe.**[103]

Das individuelle Schicksal ist nach BRECHT von dem **sozialen Feld** eines Menschen bestimmt, das in seiner **historischen Relativität** und als **veränderlich** gesehen werden soll.[104]

Hans Mayer hat dargestellt, wie sich das Schicksal der Courage-Familie im Text des »Salomon-Songs« spiegelt, der nach Art eines poetischen Versatzstückes aus der *DREIGROSCHENOPER* übernommen und als »Bettellied« mit neuer dramaturgischer Funktion versehen die menschlichen Tugenden der Weisheit, Kühnheit, Redlichkeit und Selbstlosigkeit als Ursachen des menschlichen Elends anklagt. Die Kinder der Courage verkörpern jeweils eine dieser verhängnisvollen Tugenden: Eilif ist kühn, Schweizerkas redlich und Kattrin selbstlos. *Tugenden* werden auch an anderer Stelle des Stückes moralisch entwertet. **Wo es so große Tugenden gibt, das beweist, daß da etwas faul ist** (25). **In einem guten Land braucht's keine Tugenden** (26). Hans Mayer nimmt aber BRECHT gegen den Vorwurf in Schutz, er verkünde damit einen allgemeinen Wertrelativismus. **Es ist offenbar nicht die Schuld der Tugenden, wenn Menschen keinen Nutzen daraus ziehen.**[105] Unter Anklage steht nicht der Mensch in seiner *Tugendhaftigkeit*, sondern sein soziales Feld, das ihn daran hindert, sich in seinen Tugenden menschlich zu entfalten.

4.1 Geschäftsfrau oder ›Muttertier‹? – Die Courage

Auch gegen den Willen des Autors: Die Courage erweckt Sympathie. Ihre charakterliche Ambivalenz, die BRECHT als dialektischen Ausdruck gesellschaftlicher Widersprüche gewertet wissen will, mindert nicht den Eindruck ihrer kräftig ausgeprägten, lebensvollen und wirklichkeitsgetreuen Individualität. Wir sollen auf sie **mit Zorn** reagieren[106], aber **es ist kaum möglich, die Haltung dieser Figur eindeutig zu verdammen.**[107]

Unbekümmert, mit einem überwältigenden Selbstbewusstsein tritt sie in die Szene, die von einer kriegerischen Männerwelt kleiner und großer Befehlshaber regiert wird. Man spürt ihr **einen unbotmäßigen Geist** (10) an, aber man kann ihn nicht fassen. Mit ihren schwer nachweisbaren Hintersinnigkeiten und respektlosen Wortwitzen hält sie die Gewaltigen des Feldlagers zum Narren. Der Überlebenskampf hat sie zu Härte, Illusionslosigkeit, Nüchternheit und rascher Wahrnehmung ihres kommerziellen Vorteils erzogen und ihr den Namen *Courage* verschafft. Sie ist rastlos aktiv, **sie wird kaum je gesehen, ohne daß sie arbeitet.**[108] Ihre Wendigkeit in der Anpassung an den wechselnden Kriegslauf erweist sie im bedenkenlosen ›Umtauschen‹ von Flaggen und Religionsbekenntnissen. Wenn es die Kriegslage verlangt, wird für sie der ›Heldenkönig‹ Gustav Adolf (36) zum **Antichrist, wo Hörner aufhat.** (40). Den ›Glaubenskrieg‹ hält sie für einen Geschäftskrieg, **anders würde sie auch nicht mitmachen** (36).

Scharfsichtig erspäht sie die Schwächen ihrer Gegenspieler. Der Feldwebel, der ihr den Sohn Eilif für den Kriegsdienst abwerben will, ist abergläubisch, und da Wahrsagerei zu den Geschäften einer Landfahrerin gehört, versetzt sie ihn mit ihrem gezinkten Losorakel in Todesfurcht.

Ihre verworrenen Familienverhältnisse kommentiert sie mit herausfordernder Frechheit. **Ich will Sie nicht beleidigen, aber Phantasie haben Sie nicht viel** (11). Die Ordnungsvorstellungen der Kriegsbürokratie, gleichnishaft für alle bürgerlichen Ordnungsnormen, verhöhnt sie in der Attitüde der Ahnungslosen, indem sie statt des verlangten Passes ein Sammelsurium von Altpapier aus einer Zinnbüchse herauskramt. **Ist das genug Papier?** (10). Gegenüber der stumpfsinnigen Soldatengesellschaft zeigt sie ein gesundes Selbstbewusstsein. Ihr Geschäft ist schließlich kriegswichtig. **Ihr Hauptleut, eure Leut marschieren / Euch ohne Wurst nicht in den Tod** (9). Die Frage nach ihrem Stand beantwortet sie mit Stolz: **Geschäftsleut** (8).

Weniger selbstgewiss, eher voll instinktiv witternder Unruhe tritt ihr zweiter Wesenszug in Erscheinung: ihre Mütterlichkeit. BRECHT bemühte sich durch verfremdende Inszenierungspraxis den Eindruck **von der Dauerhaftigkeit und Tragfähigkeit der gequälten Kreatur, des ewigen Muttertiers**[109] aufzuheben. Ihre herausfordernde Sicherheit, mit der sie als Geschäftsfrau auftritt, schlägt um ihn aufgeregte Gereiztheit, als sich der Werber an Eilif heranmacht. **Ihr wollt ihn mir zur Schlachtbank führen, ich kenn euch** (13). Schnell wiederholt sie ihr Losorakel und spielt auch ihren drei Kindern die Todeskreuze in die Hände, als Warnung. Die Glucke sieht den Schatten des Raubvogels. Als aber ihr

Beschützerinstinkt während des Schnallenhandels aussetzt, ist es die Tochter Kattrin, die den Warnruf abgibt: **Sie stößt rauhe Laute aus,** aber sie wird nicht verstanden. Sie ist die bessere Mutter.

Für den Namen *Courage* liefert die Fierling zwei Selbstdeutungen: 1. Sie habe **den Ruin gefürchtet,** als sie **mit fünfzig Brotlaib im Wagen** durch das Geschützfeuer von Riga gefahren sei (9). 2. **Die armen Leut brauchen Courage [...] Schon daß sie Kinder in die Welt setzen, zeigt, daß sie Courage haben** (69). Ihr Wesen ist so doppeldeutig wie ihr Name. Sie ist couragiert, weil sie aus dem Volk kommt, aus der Masse der kleinen Leute, die ihren ganzen Lebensmut aufbieten müssen um zu überleben. Aber auch für ihre Handelsspekulationen braucht sie Wagemut. Beide Teile ihrer Natur sind vom Dichter so überzeugend in Szene gesetzt, die fürsorgliche Mutter genauso wie die **Hyäne des Schlachtfelds,** dass ein Bruch in ihrer Person nicht erkennbar ist, kaum die dialektische Spannung, auf die BRECHT so viel Wert legte. **Der Krämergeist ist ihr zur zweiten Natur geworden.**[110] Sie bringt sich selbst auf die Formel: **Meine Kinder durchbringen mit meinem Wagen** (72). Dass sie beides zusammen nicht durchbringen kann, erschien den Zuschauern immer wieder als tragische Unausweichlichkeit. Sie hat einen Teufelspakt geschlossen. **Wer mit dem Teufel frühstücken will, muß einen langen Löffel haben,** warnt sie der Feldprediger (82). Dass sie bei ihrem Paktieren mit dem Krieg ihre Kinder als Pfand gesetzt hat, wird ihr nicht bewusst.

Um ihre Gewinnsucht den Zuschauern abstoßend zu machen hat BRECHT auch die 5. Szene gegenüber der Urfassung geändert. In der Züricher Uraufführung rückte die Courage, der Fischersfrau Teresa Carrar ähnlich, freiwillig ihr Hemdenleinen als Verbandsstoff heraus. **Sei ruhig, ich zerreiß schon alles.**[111] In der *VERSUCHE*-Fassung von 1949 heißt es nun: **Ich gib nix, ich mag nicht, ich muß an mich selber denken** (62).

Die innere Einheit der Couragefigur kommt am lebendigsten in Szene 2 zum Ausdruck, nämlich in humorvoller Form. Bei der witzigen, launigen Feilscherei mit dem Feldkoch um einen mageren Kapaun hatte die Courage sich schon von **60 Hellerchen** auf 50, dann auf 40 Heller heruntterhandeln lassen, als der Feldhauptmann mit ihrem Sohn Eilif erscheint und zu essen verlangt. Sie erkennt sofort ihren Marktvorteil und in einem doppelten Triumph als Mutter und Händlerin lässt sie den Preis wieder unerbittlich emporschnellen auf einen Gulden: Ihren Kommentar **für meinen Ältesten ist mir nichts zu teuer** (23) setzt sie als Frechheit obendrauf. Die Freude über die Wiederbegegnung mit ihrem Sohn setzt ihre Rechenkunst nicht außer Kraft. Erst im glücklichen Zusammenklang ihrer beiden Naturen ist sie mit sich selbst ganz eins und zufrieden. Trotzdem bleibt sie nüchtern und kritisch. Statt der erwarteten Anerkennung bekommt der Sohn für seine Tapferkeit von ihr eine Ohrfeige: **Weil du dich nicht ergeben hast** (28). Mut und Kriegsmut sind für sie zweierlei. Ihr Begriff von Courage ist ein nüchtern kalkulierender Überlebensinstinkt, den sie ihren Kindern vererben will. Als erste Adressaten des Stückes hat man die skandinavischen Länder ausgemacht, BRECHTS Gastländer in der Emigration von 1933 bis 1940. Ähnlich wie mit den politischen Parabelstücken *DANSEN* und *WAS KOSTET DAS EISEN?* wollte BRECHT mit der *COURAGE* die Dänen und Schweden vor einer begünstigenden Neutralitätspolitik gegenüber Nazideutschland warnen. Seine Hoffnung auf eine schwedische Aufführung erfüllte sich aber nicht. Die Vermutung Jan Esper Olssons aber, BRECHT habe die Fierling darum ursprünglich als Schwedin konzipiert, ist irrig. Die Courage gibt sich nicht nur gleich in der ersten Szene als Bambergerin zu erkennen, ihr ganzes volkstümliches Gepräge ist oberdeutsch wie ihre alemannisch-bayrische Sprachtönung, die von Helene Weigel durch eine leicht wienerische Idiomatik angereichert wurde. BRECHT schöpfte hier offenbar aus seinen Jugenderinnerungen an Begegnungen mit bäuerlichen Volkstypen des Donaurieds. Die Courage bezeichnet sich selbst als Häuslerstochter mit einem **Drang nach Höherem** (58). Bauernschlauheit, derber Mutterwitz, Durchsetzungskraft, Lebensklugheit und ein immer waches Misstrauen kommen in ihrer volkstümlich bildhaften, sentenzenreichen Sprache zum Ausdruck. Die Quintessenz ihrer mütterlichen und händlerischen Weisheit heißt: **Seid alle vorsichtig, ihr habts nötig** (17) und **Wir möchten alle zerrissen werden, wenn wir uns in'n Krieg zu tief einlassen täten** (14). Aber entgegen ihrer eigenen Weisheit drängt sie mit ihrer händlerischen Unrast immer tiefer in diesen Krieg hinein: **Und jetzt fahrn wir weiter, es ist nicht alle Tage Krieg, ich muß mich tummeln** (15). Der innere Widerstreit ihres Wesens lässt diese lebenskluge, gewitzte und nüchterne Frau so merkwürdig gefahrenblind werden.

Sie legt dabei ungeheure Wege zurück, ähnlich der Witwe Begbick in *MANN IST MANN*, die mit ihrem Bier-Waggon von Haiderabad bis Rangoon unterwegs ist: vom schwedischen Dalarne über Livland und Polen nach Böhmen, Oberitalien, Bayern und Sachsen, manchmal der besseren Einsicht nahe – **Der Krieg soll verflucht sein** (74) –, immer wieder uneinsichtig getrieben – **Ich laß mir den Krieg von euch nicht madig machen** (75). Sie kann vom Handel nicht lassen, auch nicht, als sie eingestehen muss: **Mir scheint, ich hab zu lang gehandelt** (53). In einem verzweifelten Wettlauf mit der Zeit hat sie versucht ihren Sohn Schweizerkas vor dem Tode und gleichzeitig ihren Marketenderwagen vor der Verpfändung zu retten. Der trickreiche hinhaltende Handel mit der Yvette, der verfehlte Versuch die Handelspartnerin mit der Spekulation auf die verschwundene schwedische Regimentskasse zu überlisten, die Preisfeilscherei, bis es zu spät ist – alles das ist das todernste Gegenthema zu dem heiteren Kapaunenhandel in Szene 2, ein Spiel auf Leben und Tod, an dessen Ende sich die Courage selbst schuldig spricht. Den Tod ihres Lieblingssohnes Eilif nimmt sie nicht einmal wahr. In ihrer neu erwachten Kriegseuphorie missdeutet sie die betretenen Mienen ihrer Umgebung als Angst vor dem Aufbruch. **Sie erzählens mir später, wir müssen fort** (89). Die Getriebenheit des **weiter, schon gehts weiter** (ebd.), die Sucht nach dem In-den-Handel-Kommen macht sie blind. Von Eilif sagt sie: **Den hat mir der Krieg nicht wegnehmen können** (88), eine unbewusste tragische Ironie; nicht der Krieg, von dem sie Lebensgefahr, sondern der Friede, von dem sie Geschäftsnachteile befürchtet, hat ihr den Sohn genommen.

Die Handelssucht der Courage, die gegen Schluss schon manische Züge annimmt, wird neutralisiert durch ihre Fähigkeit zu unbefangener, sinnlich-diesseitiger Lebensfreude. Sie versteht es auch im Alter noch, Männer an sich zu binden, sie **spannt sie ein,** buchstäblich. Der Feldprediger musste erst **ziehn helfen** (80), dann musste der Koch **an die Deichsel** (89). Dieser Pieter Lamb, der seit dem anzüglichen Kapaunenhandel von der Courage träumt und dessen Stummelpfeife sie als Liebespfand drei Jahre lang aufbewahrt hat, wird von ihr am Ende *angeworben*, als Mitarbeiter wie als Geliebter, nachdem sie den Feldprediger mit seinen moralischen Lamentationen hat abblitzen lassen. Die anrüchige amouröse Vergangenheit des Feldkochs stört sie nicht, im Gegenteil: **wo raucht, ist Feuer** (89). Sie hält nichts von **soliden Männern** (80). Ihre pralle Sinnlichkeit und ihr derber Humor haben den Bühnenerfolg des Stückes entscheidend mitbestimmt.

Trotzdem glaubte BRECHT nicht, dass das deutsche Publikum von 1949 seine **Mutter Courage richtig begriffen hätte.**[112] Es ging ihm mit der Figur der Courage wie mit anderen seiner Negativfiguren zuvor, mit dem Gangster Macheath, dem Holzhändler Shlink, ja sogar dem mächtigen Schlachthofkönig Pierpoint Mauler: Das Publikum amüsierte sich über ihr dominantes Gebaren, statt es zu verurteilen.

Kräftig und verschlagen wünschte sich BRECHT seine Courage dargestellt. Die *Kräftigkeit* dieser Figur, ihre Unbeirrbarkeit und ihr zäher Heroismus überlagern die in ihr angelegten negativen Züge. Sie bleibt sich treu, auch in der äußersten Erschöpfung, als sie schließlich **des Umherziehens müd** ist (91) und einsieht: **Auf der Straße ist kein Leben auf die Dauer** (92). Als ihr gerade in diesem Augenblick der Erschöpfung der

Koch eine Bleibe und eine sichere Existenz in seiner Gastwirtschaft in Utrecht anbietet, schlägt sie sie aus und entscheidet sich für die Unbehaustheit um ihre Tochter nicht allein zu lassen. **Wie könnt sie allein mitn Wagen ziehn?** (93) Aber dessen nicht genug; in einer ebenso entschiedenen wie zartfühlenden Abwehrgeste weist sie jede Dankbarkeit für das Opfer zurück, bevor sie ausgedrückt werden kann: **Wegen dir ists gar nicht, es ist wegen dem Wagen** (97). BRECHT hätte sich eigentlich nicht darüber wundern dürfen, dass seine Courage Sympathie erweckt.

4.2 Die Verführung zur Güte – Kattrin

Die Gestalt des mütterlichen Mädchens, der niederen Kinder liebenden Dienstmagd, die, ohne biologisch Mutter zu sein, die Mutterrolle aus Mitleid und fürsorglicher Gesinnung ergreift, hat BRECHT mehrmals gestaltet. Im *KAUKASISCHEN KREIDEKREIS* ist es die grusinische Magd Grusche, die eine Nacht bei einem verlassenen Kind ausharrte, **bis die Verführung zu stark wurde gegen Morgen zu / Und sie aufstand, sich bückte und seufzend das Kind nahm.**[113] Ganz ähnlich erkennt in der Erzählung *DER AUGSBURGER KREIDEKREIS* die Magd Anna, dass sie **zu lange gesessen und zuviel gesehen hatte, um noch ohne das Kind weggehen zu können.**[114]

Die stumme Kattrin ist diesen beiden Gestalten in der Macht ihres mütterlichen Sozialtriebs geschwisterlich verwandt. Auch sie **hebt ein Kind auf**, unter Lebensgefahr (Szene 5). **Schrecklich ist die Verführung zur Güte**, sagt der grusinische Sänger mit dem Blick auf die Grusche. Für eine existenzgefährdende Leidenschaft hält auch die Courage die Kinderliebe ihrer Tochter: **Hast du glücklich wieder einen Säugling gefunden zum Herumschleppen? Auf der Stelle gibst ihn der Mutter** (63).

Kattrin ist die eigentliche, die nicht durch **Geschäftsrücksichten** getrübte Mutterfigur des Stückes. Kritiker des epischen Stils haben BRECHT vorgehalten, es gebe keine Gegenfigur zur Courage, der Ideenkonflikt artikuliere sich nicht im Dialog, sondern in den Handlungskommentaren der Songs und Szenentitel. Man hat dabei übersehen, dass der dramatische Konflikt des Stückes sich im **Dialog** mit der Stummen abspielt. Die Mutter unterdrückt den Muttertrieb ihrer Tochter. Elementare Glückserfüllung durch Liebe und Mutterschaft ist unter den Umständen des Krieges eine Gefahr. Das Lied vom »Fraternisieren« (32) soll abschrecken: **Die Liebe ist eine Himmelsmacht, ich warn dich** (33). Ihre Tochter gegen die Liebe *abzuhärten* ist eines der Erziehungsziele der Courage. In der mangelnden Attraktivität Kattrins sieht sie mehr einen Schutz als einen Nachteil: **Sie ist nicht so hübsch, dass sie einer ruinieren möcht** (69). **[...] sodaß die Leut sagen: den Krüppel sieht** man gar nicht, ist sie mir am liebsten. Solang passiert ihr nix (42). Ihr Stummsein sei ein **Gottesgeschenk** (33).

Am Anfang des Stückes ist Kattrin zwanzig, am Ende zweiunddreißig Jahre alt (s. S. 52). **Einmal ist sie eine Nacht ausgeblieben, nur einmal in all die Jahr** (73).

Die Selbstdarstellung der Stummen vollzieht sich in der Pantomime. Die Szene, in der Kattrin sich mit dem Hut und den Stöckelstiefeln der Yvette schmückt, wird im *COURAGEMODELL* von 1949 ausführlich erläutert. Eine Fotosequenz in *THEATERARBEIT* belegt die Darstellung durch Angelika Hurwicz:[115] Sie ›produziert‹ sich, lüpft Rock und Schürze, dreht selbstgefällig den bestiefelten Fuß, trippelt tänzerisch und schreitet aus mit einer resoluten Miene von herausfordernder Eitelkeit. In der Nachahmung einer Lagerhure empfindet das glücklose Mädchen Selbstgenuss. Der wird ihr verwehrt. Die Mutter reißt ihr den Putz herunter: **Wart du auf den Frieden mit der Hoffart** (42). Sie verschmiert ihrer Tochter das Gesicht mit Asche: **Jetzt, wo der Feind kommt** (37). So verkehrt sich die Normalität menschlicher Verhaltensregeln im Krieg auch darin, dass ein Mädchen sich hässlich machen muss, nicht hübsch. Liebe ist nur noch als Prostitution denkbar. Der Liebende kommt als Feind. Die Yvette **richt sich zugrund fürs Geld, das versteh ich. Aber du möchtest es umsonst, zum Vergnügen. Ich hab dirs gesagt, du mußt warten, bis Frieden ist** (42).

Kattrin hat noch nach drei Jahren das Wort sorgfältig in sich aufbewahrt. Als der Feldprediger seine törichte Predigt von der Unaufhörlichkeit des Krieges hält (66 ff.), starrt sie ihn an, schmeißt in stummer Panik **einen Korb mit Flaschen auf den Boden und läuft hinaus (68). Jesses, die wart doch auf den Frieden** (ebd.). **Aber auf den Frieden muß die nimmer warten** (73), heißt es noch am selben Tag, als die Stumme nach einem Überfall durch eine hässliche Gesichtsnarbe für ihr Leben entstellt ist. **Einen Mann kriegt die nicht mehr, und dabei so ein Kindernarr** (74). Die Courage will ihr jetzt die Schuhe der Yvette Pottier zum Trost schenken. **Kattrin läßt die Schuhe stehen und kriecht in den Wagen** (73). Die Geschichte der Kattrin ist in dem Stück eine Fabel für sich.

Die Idee, die Figur als stumme Person zu gestalten, hatte zunächst einen rein praktischen Grund. Bei der erhofften Inszenierung des Stückes in Schweden 1940 sollte Helene Weigel die Rolle auch ohne schwedische Sprachkenntnisse spielen können. Das Motiv verselbstständigte sich poetisch zu einem tragenden Charakterzug der Figur. Kattrin ist **der Stein in Dalarne** (42), aber **der Stein beginnt zu reden** (99). Sie ist nicht von Geburt stumm, sondern **wegen dem Krieg, ein Soldat hat ihr als klein was in den Mund geschoppt** (74). Sie ist ein **armes Tier** (43), sie jault wie ein Hund, wenn sie eine dringende Botschaft verkünden will. Aber es ist **notwendig, die stumme Kattrin von Anfang an als intelligent zu zeigen,** schreibt BRECHT im Modellbuch.[116] Sie versteht die frechen Späße der Mutter über die Geschichte ihrer Familie, sie lacht darüber (11). Sie nimmt alles auf, was geredet wird, und verarbeitet es, sie wittert Gefahren, ist hellsichtig und ahnungsvoll und verzweifelt darüber, dass ihre Warnungen nicht verstanden werden, eine stumme Kassandra. Ihr Hör- und Sehsinn ist besonders geschärft, sie nimmt manches eher wahr als die Redenden. Sie hat genau registriert, dass der katholische Spion, der ihrem Bruder Schweizerkas nachstellt, eine Augenbinde trägt; sie sieht die tödliche Bedrohung, sie will sie mitteilen, sie **läuft hin und her, kleine Laute ausstoßend** (43). Der Bruder hält ihre verzweifelte Gebärdensprache für **Faxen** (43), die Mutter war gerade wieder in Geschäften unterwegs.

Den Tod des Schweizerkas nimmt Kattrin in geradezu visionärer Weise wahr. Noch bevor die Exekutionstrommeln erschallen, läuft sie plötzlich schluchzend hinter den Wagen (52). Als Eilif zur Hinrichtung abgeführt wird, liegt sie im Wagen, **hat die Decke überm Kopf** (88). Sie verkriecht sich in ihre Einsamkeit. **Was die für Träume haben muß,** sagt ihre Mutter, **ich hör sie stöhnen nachts [...] Die leidet am Mitleid** (93).

Die Misshandelte, Verunstaltete, die am Schluss als letztes der Kinder mit ihrer Mutter über die Landstraßen zieht, unbehaust, hungrig, verdreckt und verlaust, wird zur wahren Heldin des Stücks durch einen Akt heroischer Mütterlichkeit. Die Trommelszene (11), immer wieder als eine ganz unprogrammgemäße, dramatische Aufgipfelung im epischen Fluss der Handlung empfunden, ist motivisch in Szene 5 angebahnt. Dort ist es eine **schmerzliche Kinderstimme** (62), die reflexhaft Kattrins Rettungsinstinkt auslöst: Sie rennt in das brennende Haus, als das Dach schon einzustürzen droht und selbst der hilfsbereite Feldprediger sagt: **Ich geh nicht mehr hinein** (63), und birgt das Kind aus den Trümmern. In Szene 11 ist die betende Bäuerin die Stichwortgeberin: **Unserm Schwager steh auch bei, er ist drin mit seine vier Kinder** (101 f.). Kattrin **stöhnt** wie in ihren Alpträumen, sie **steht verstört auf** (102). Ihre Reaktion hat etwas Besinnungsloses, traumwandlerisch Intuitives. Dass sie die Trommel ergreift, die sie unter Einsatz ihres Lebens aus dem Überfall gerettet hat, erweckt fast den Anschein, als hätte sie ihre Tat seit langem unbewusst vorbereitet; sie ist ein Stück von ihr selbst. Bei aller traumwandlerischen Sicherheit ist ihr Handeln von höchster Intelligenz. Sie weiß, dass sie sich für einen entscheidenden Augenblick unangreifbar macht, indem sie die Leiter hinter sich auf das Strohdach zieht. Sie hat genau verstanden, dass der geringste Lärm die Belagerer verraten muss, also macht sie den größten Lärm, der ihr, der Stummen, möglich ist. Die Besessenheit ihres Handelns ist begleitet von höchster Bewusstheit und sie ist noch imstande über die Vergeblichkeit der soldatischen Gegenmaßnahmen zu lachen. **Sie lacht uns aus, schau** (104). Unruhig wird sie erst, als Axtschläge gegen den Marketenderwagen geführt werden; die Angst um die wirtschaftliche Existenz ist ihr von der Mutter zu tief eingepflanzt worden, als dass sie darüber hinwegspringen könnte wie über ihr Leben. Sie denkt auch jetzt noch an die Fortexistenz ihrer Mutter durch den Wagen. Sie nimmt aber auch wahr, dass sie einen Bundesgenossen gefunden hat. Der junge Bauer ergreift ihre Partei, ihre Tat wirkt als Fanal: **Schlag weiter, sonst sind alle hin** (105). Sie weint, als man ihn niederschlägt. Sie bleibt bis zuletzt die Verstehende, alles Wahrnehmende, Wache und Mitleidige.

Dabei ist ihre Tat ein Ereignis voller Paradoxien. Eine Stumme weckt die Schlafenden; die nicht Mutter werden kann, wird die Retterin der Kinder; das *arme Tier* handelt menschlich; die Ohnmächtige wird zur Rebellin. Im Sterben gewinnt die nie Geliebte noch die Liebe und Verehrung eines Mannes. **Sie hätten ihr nix von die Kinder von ihrem Schwager sagen sollen,** beklagt sich die Courage (106). Sie wusste von der Verführbarkeit ihrer Tochter zur Güte.

Es gibt im Stück zwei Wiegenlieder. Das der Courage für ihre tote Tochter enthüllt die Widersprüchlichkeit ihres ganzen Lebensplans: Sie konnte ihre Kinder nicht durchbringen **mitm Wagen.** Das Wiegenlied der Kattrin für den geretteten Säugling ist nur gelallt (63). Es ist ohne Widersprüchlichkeit, weil es ohne Sprache ist. Für BRECHT, den ewig gegen die Sprache Misstrauischen, ist die Sprachlose die Einzige, die kein Misstrauen erweckt.

4.3 Die Verführung zum Heldentum – Eilif

Der Feldhauptmann (zum Eilif): In dir steckt ein junger Cäsar (25).
Salomon-Song: Ihr saht den kühnen Cäsar dann / Ihr wißt was aus ihm wurd (94).

Die Beziehung ist eindeutig: **Kühnheit gehört zu den Tugenden, die gefährlich sind auf dieser Welt** (93). **Wann ein Feldhauptmann oder König recht dumm ist und er führt seine Leut in die Scheißgaß, dann brauchts Todesmut bei den Leuten, auch eine Tugend** (25). Die Beziehung der Courage zu ihrem Sohn Eilif ist zwiespältig. Sie versucht einerseits gar nicht zu verhehlen, wie sehr sie ihn bevorzugt. **Das ist mir der Liebste von allen** (89). **Er ist mein kluger und kühner Sohn** (23). **Der ist klug** (88). **Vom Vater hat er die Intelligenz geerbt** (10 f.). Auch sein Vater war ihr unter vielen Männern offenbar der liebste. **Der konnt einem Bauern die**

Hos vom Hintern wegziehen, ohne daß der was gemerkt hat (11). Der verschlagenen Intelligenz ihres finnischen Teufels (28) fühlt sie sich verwandt. Andererseits sieht sie mit ärgerlicher Besorgnis die Gefahren, denen ihr Sohn sich in seiner draufgängerischen und respektlosen Art aussetzt. Er ist zu kühn, nach seinem Vater (16). Ich kenn dich, nix wie raufen (12 f.). Die Ohrfeige, mit der sie die Kriegsauszeichnung ihres Sohnes quittiert, drückt ihren Ärger über seine Unbelehrbarkeit aus: **Hab ich dir nicht gelernt, daß du auf dich achtgeben sollst?** (28) Mit der Instinktsicherheit des ›Muttertiers‹, in der sie ein lebenssicherndes Gegengewicht zu ihrer *Courage* besitzt, versucht sie, dem Sohn vergeblich **ein bissel Weitblick und keine Unvorsichtigkeit** (31) zu vermitteln. Seiner Unvorsichtigkeit gilt die Ohrfeige, nicht etwa der Hinterhältigkeit, mit der er die armen Bauern übertölpelt, nicht der Brutalität, mit der er sie erschlagen hat. Ihre Erziehung zielt auf Klugheit, nicht auf Moral. Darum wirkt es besonders anrührend, dass sich in dem jungen Eilif anfangs eine Spur von moralischem Bedenken zeigt: **Not kennt kein Gebot, nicht?** (24) Die Frageform drückt einen Zweifel aus. Aber die Instanz, von der eine kompetente Antwort kommen müsste, weicht aus. In einer Haltung von Feigheit und Zynismus ›belegt‹ der Feldprediger aus der Bibel, dass das Gebot der Nächstenliebe nicht zu gelten habe, ein Seitenhieb Brechts auf den Konformismus mancher Kirchenleute mit den Nazis.

Von seiner Mutter hat Eilif nur die Moral des Überlebens gelernt. Das Soldatenlager vermittelt ihm das Ideal brutaler männlicher Dominanz. Er will kein **Hühnchen sein** (12). Der Werber hat gewonnenes Spiel, als er an seine Männlichkeit appelliert: **Tritt einmal vor und laß dich anfühlen, ob du Muskeln hast** (12). **Wir zwei gehen dort ins Feld und tragen die Sache aus unter uns Männern** (12). Der Appell der Mutter zählt nichts mehr: **Wirst du klug sein? Klug ist, wenn du bei deiner Mutter bleibst. Wenn er nicht klug ist, geht er den Weg des Fleisches** (16). Ihr Ratschlag, **wenn sie dich verhöhnen und ein Hühnchen schimpfen, lachst du nur** (16), kann unter diesen Umständen nicht verfangen. Die Verführung zum Heldentum ist zu stark für den jungen Mann.

Die jugendliche Unbesonnenheit und der Ungestüm des Eilif sind für Brecht an sich keine negativen Züge. In seinen frühen Werken hat er kämpferische Instinkte geradezu in nietzscheanischer Weise stilisiert. Eines seiner ersten veröffentlichten Gedichte, das »Lied von der Eisenbahntruppe von Fort Donald«, hat einen Klang von nihilistischem Heroismus. Der Zweikampf zwischen Garga und Shlink *(Im Dickicht der Städte)* huldigt dem Chaos und der existenziellen Einsamkeit, wie schon die frühe Erzählung *Bargan lässt es sein*. Auch Brechts Faible für Boxer und Boxkämpfe und seine intellektuelle Rauflust in den zwanziger Jahren lassen seine Sympathie für alle Kampf- und Streitlustigen vom Typus Eilif erkennen.

Aber auch der dialektische Widerspruch zum Kampfgeist ist frühen Ursprungs. Das Tanzlied des Eilif, unter dem Titel »Die Ballade von dem Soldaten« zuerst in der HAUSPOSTILLE erschienen, ist ein Stück bänkelsängerischer Jugendlyrik BRECHTS. In der MUTTER COURAGE (26 f.) findet es eine neue dramaturgische Funktion im Wechselgesang von Mutter und Sohn. In seiner lapidaren Antithetik (**sagte das Weib zum Soldaten – sagten zum Weib die Soldaten**) bringt es den Widerspruch zum jugendlichen Heroismus, zur *Kühnheit* des Eilif zum Ausdruck: die Beschwörung behütender Mütterlichkeit. Im lyrischen Wechsel der Motive *Wärme* und *Rauch* symbolisiert sich der Gegensatz von Leben und Vergänglichkeit: **Ihr vergeht wie der Rauch! Und die Wärme geht auch.** Das Lied ist mit dem Dialogtext verklammert durch das Wort *Lachen*. Das **Ich hab gelacht** in Eilifs Bericht an den Feldhauptmann findet sein Echo in den Liedzeilen **Doch der Soldat mit der Kugel im Lauf / Hörte die Trommel und lachte darauf. – Doch der Soldat mit dem Messer im Gurt / Lacht ihr kalt ins Gesicht** [...]. Das Wort *Trommel* ist ein Leitmotiv des Stücks: Sie erschallt als Exekutionstrommel für den Schweizerkas und am Schluss als Rettungssignal der Kattrin.

Zu seinem Gesang vollführt Eilif einen wilden Säbeltanz, der nach Brechts Regieanweisung **sowohl mit Feuer als auch mit Lässigkeit** ausgeführt werden soll.[117] Der kriegerische Heroismus erhält durch das verfremdende Ritual den Charakter des Primitiven, Atavistischen. Eilifs *Kühnheit* drückt sich am Ende, als er zur Exekution abgeführt wird, noch einmal in todesverachtenden jugendlichen Trotzgebärden aus: **Halt das Maul – Klugscheißer – Gib mir lieber einen Schluck Schnaps – Ich brauch keinen Pfaffen** (87). Aber BRECHT hat dazu sein Gesicht kalkweiß schminken lassen; eine Reminiszenz an seine Marlowe-Inszenierung von 1924, bei der die Soldaten in der Schlachtszene auf Karl Valentins Rat in weißen Masken auftraten. Der Bauernschinder Eilif ist nicht Täter, sondern Opfer. Der Feldprediger, der die gleiche Tat noch vor drei Jahren beschönigt hatte, gibt sich jetzt fassungslos: **Wie hast du das machen können?** (86). Der als Kriegsheld Missbrauchte hätte, das ist BRECHTs Lehre, in anderen sozialen und historischen Verhältnissen ein sympathischer Sportchampion werden können, ein Fighter, ein Boxstar in seiner lässigen Wildheit. Seine Morde und Plünderungen liegen nicht in seinem Interesse, sondern in dem seiner Befehlshaber, obwohl sie auch ihn ein wenig reich gemacht haben, wie seine Kleidung verrät. Wegen derselben Heldentat wird er einmal hoch dekoriert, ein andermal zum Tode verurteilt, je nach politischer und kommerzieller Interessenlage der Mächtigen.

Er hat was Lichtes, sagte Eilif vom ›Heldenkönig‹ Gustav Adolf, **ihn möcht ich mir zum Vorbild nehmen** (25). Die Vorbildrolle der Großen bekommt den kleinen Leuten schlecht.

4.4 Die Verführung zur Redlichkeit – Schweizerkas

Außer dem *kühnen* hat die Courage einen *redlichen* Sohn. Aber auch die Tugend der Redlichkeit ist im Kriege verderblich: **Beneidenswert, wer frei davon** (94).

Die Empfehlung der Courage an ihren Sohn Fejos, genannt Schweizerkas, redlich zu sein, ist fürsorglich gemeint: Sie hält ihn für dumm. Die Verschlagenheit, mit der sie selbst die willkürlichen Ordnungsnormen des Krieges umgeht oder zu ihrem Vorteil ausnutzt, würde dem schlicht und rechtlich denkenden Sohn zum Verhängnis werden, wenn er sich darin versuchte. Also bleibt ihm nichts anderes übrig, als sich an die Gesetze zu halten, so lautet der moralische Pragmatismus der Courage.

Sie verspottet launig die Vererbungsgesetze, als sie dem Feldwebel erklärt, Fejos sei nach seinem Ziehvater geraten, einem abstinenten und nierenkranken Ungarn, nicht nach dem versoffenen Schweizer Festungsbaumeister, seinem leiblichen Erzeuger. Ihr Irrtum ist, dass sie um den einfältigen und redlichen Sohn weniger Furcht haben müsse als um den intelligenten und kühnen. Alle menschlichen Eigenschaften sind todbringend im Krieg.

Als Fejos im schwedischen Feldlager Zahlmeister geworden ist, beruhigt sich die Courage: **Da kommt er mir wenigstens nicht ins Gefecht** (27). Gerade seine Dummheit, so meint sie, qualifiziere ihn zum Umgang mit Geld: **Vergiß nicht, daß sie dich zum Zahlmeister gemacht haben [...], vor allem weil du so einfältig bist** (30). Unter Umständen ist auch für die mit allen Wassern gewaschene Händlerin Korrektheit in Geldangelegenheiten empfehlenswert; zum Betrügen gehört Intelligenz. **Deine Regimentskasse muß stimmen, wies auch kommt** (30).

Schweizerkas aber setzt den Rat zur Redlichkeit in seiner moralischen Gradlinigkeit absolut, zum Entsetzen seiner Mutter: **Deine Gewissenhaftigkeit macht mir fast Angst [...] Es muß seine Grenzen haben** (41). Seine Korrektheit, die sein Leben sichern sollte, wird ihm zum Verhängnis. Der redliche Schweizerkas ist zu naiv um zu erkennen, dass er sich veränderten Machtverhältnissen anpassen muss, dem Recht des Stärkeren (siehe 45). Als die katholischen Truppen das Feldlager der Schweden überrannt haben, gilt seine einzige Sorge der Kassette mit der Regimentskasse: **Die ist anvertraut** (38). Der Gedanke, dass sein Feldwebel jetzt den Sold nicht auszahlen kann, verdirbt ihm den Appetit (41). **Der Herr**

Feldwebel möcht langsam fragen: Wo ist denn der Schweizerkas mit der Soldschatull? (39). In seiner rührenden, törichten Gewissenhaftigkeit fühlt er sich sogar noch für die Flucht der Soldaten verantwortlich: **Ohne Sold brauchen sie nicht flüchten. Sie müssen keinen Schritt machen** (41). Wie ein bis zur Selbstverleugnung pflichtbewusster kleiner Beamter memoriert er noch in der Katastrophe seine Dienstanweisung. Seine Dummheit heißt Gläubigkeit. BRECHT hatte dabei sicher auch den bis in den Untergang funktionierenden deutschen Beamtenapparat im Sinn, der mit seinem unreflektierten preußischen Pflichtethos die Nazis bewusst oder unbewusst begünstigt hat.

Schweizerkas hat seine Rolle als Redlicher so sehr verinnerlicht, dass er davon träumt. **Der Herr Feldwebel wird Augen machen. Du hast mich angenehm enttäuscht, Schweizerkas, wird er sagen, ich vertrau dir die Kass an, und du bringst sie zurück** (42 f.). Die Formulierung verrät, dass er sich dabei wohl bewusst ist nicht nach der Norm zu handeln. Er möchte eine Ausnahme sein, ein selbstlos Handelnder.

In seiner sensiblen Rücksichtnahme ist Fejos aber auch darauf bedacht, seine Familie nicht in Bedrängnis zu bringen. Dabei macht er in seiner Ungeschicklichkeit Schlimmes schlimmer. **Ich denk nach** (42), aber er denkt zu kurz. Er hat noch den entsetzten Protest seiner Mutter im Ohr, als er die Regimentskasse im Marketenderwagen verstecken wollte: **Was, in meinem Wagen? So eine gottsträfliche Dummheit** (39). Jetzt, drei Tage später (39), macht er sich darüber Gedanken: **Sie schläft schlecht** (42). Er hat gar nicht gemerkt, dass die Mutter nach Beruhigung der Lage darauf spekuliert, das Geld zu behalten. **Ich sollt die Schatull doch wegbringen** (42). Mit ihr ist aber auch das Bestechungsgeld verloren, das ihm das Leben retten könnte. **Er hat sie in den Fluß geschmissen, wie er merkte, daß sie hinter ihm her sind** (51).

Ein Beispiel echter und diesmal sinnvoller Selbstverleugnung gibt er, als er jede Beziehung zu seiner Familie abstreitet: **Ich kenn sie nicht. Wer weiß, wer das ist, ich hab nix mit ihnen zu schaffen** (44). Er rettet damit Mutter und Schwester das Leben. Das Horenlied des Feldpredigers setzt seinen Tod mit der Passion Christi gleich. **Solche Fäll, wos einen erwischt, sind in der Religionsgeschicht nicht unbekannt** (46). Grundsätzlich aber soll die Opferhaltung des Fejos als verfehlt erscheinen. Das Horenlied wirkt als zynische Verfremdung; dieser Opfertod hat keinen erlösenden Sinn. Es sind zwei Feldwebel, die Anspruch auf Auslieferung der Kriegskasse erheben, ein schwedischer und ein kaiserlicher. Ihre Ranggleichheit bezeichnet ihre Austauschbarkeit. Für den kleinen Mann ist es gleich, welcher der kriegführenden Gewalten er unterworfen ist; er soll sich ihnen nicht ausliefern. Die Courage mit ihrem geschäftstüchtigen Realismus beherrscht die Kunst der Umstellung und Anpassung. Sie weiß, dass **die Sieg und Niederlagen der Großkopfigen oben und der von unten** (40) nicht immer zusammenfallen. **Ein Händler wird nicht nach dem Glauben gefragt** (41). Bedindungslose Treue ist töricht, der Glaubensverrat eine Sache der Vernunft. Aber die Mutter versucht den Sohn vergeblich zum Verrat zu überreden. **Red doch, du dummer Hund, der Herr Feldwebel gibt dir eine Gelegenheit** (45). Fejos opfert sein Leben, weil er redlich ist gegen die Unredlichen. BRECHT in seinem sozialutopischen Optimismus stellt damit die Frage, wie eine Ordnung beschaffen sein muss, die Redlichkeit unter Redlichen ermöglicht.

4.5 Kontrastfiguren

Chargen und Randfiguren sind für BRECHT nirgends bloß Staffage oder Stichwortgeber. Mit ihren starken Negativ-positiv-Kontrasten dienen sie alle der episch-gestischen Absicht des Stückeschreibers. Sie deuten auf die Fabel in ihrer sozialen Gleichnishaftigkeit.

Um seine materialistisch-dialektische *Wissenschaftlichkeit* unter Beweis zu stellen, suchte BRECHT gerade in der MUTTER COURAGE sozialtypische Verhaltensmodelle zu zeichnen. Wie in seiner Theorie von den sozialen *Feldern* (s. KLEINES ORGANON FÜR DAS THEATER) entlehnte er auch hier seine Terminologie der modernen Physik.

> man könnte ein schema von wirkungsquanten aufstellen, nach denen die szenen befragt werden müssen, poetische, dramaturgische, sittengeschichtliche, sozialpolitische, psychologische. über diese quanten könnten sätze gebildet werden, die in ästhetischen, sittengeschichtlichen, historischen, psychologischen büchern stehen könnten.[118]
> für die handlungen der personen sind motive angegeben, welche, erkannt und berücksichtigt, die behandlung von menschen erleichtern.[119]

Dieser sozialpsychologischen Absicht dienen die oft karikaturistisch überzogenen Rollentypisierungen wie die des Obristen von Starhemberg, des *Ehemannes* der Yvette. In der Inszenierung BRECHTS wurde er als Zerrbild seiner Impotenz gezeichnet. **Gleichsam auf das Stichwort brach die Geilheit hervor, und der Greis schien seine Umgebung zu vergessen. Unmittelbar darauf vergaß er dann die Geilheit und stierte abwesend ins Nichts.**[120]

Die Figur in ihrer negativen Schablonenhaftigkeit soll dabei gar nicht auf sich hinweisen, sondern auf die soziale Zwangslage der Yvette: Seht her, einen so hohen Preis musste sie zahlen um im Krieg zu Wohlstand zu gelangen. Bei ihrem nächsten Auftritt in Szene 8 ist sie Witwe, aber nicht von dem **Uralten** in Szene 3, sondern von dessen noch älterem Bruder (84). Die ›Preise‹ sind unterdessen weiter gestiegen.

Yvette ihrerseits dient gestisch als Negativkonstrast zu Kattrin, der sie zeigen muss, welches Schicksal dem Mädchen bestimmt ist, das im Krieg seinem Traum von der Liebe nachgeht.

Der junge Landsknecht in Szene 4, dem die Courage ihr Lied von der Kapitulation vorsingt, zeigt das Verhalten der kleinen Leute, die auf ihr Recht verzichten. Beide, der Soldat und die Courage, haben resigniert: **Ich beschwer mich nicht** (60). Der Fähnrich in Szene 11 sollte nach BRECHTS Modell mit dem Landsknecht in 4 identisch sein. Durch Anpassung ist er aufgestiegen in seinem sozialen Rang, in seiner Menschlichkeit aber abgesunken – die unausweichliche Folge der Resignation. BRECHT wollte, dass man auch dies der Courage anlastete. **Die Schlechtigkeit der Courage ist in keiner Szene größer als in dieser, wo sie den jungen Menschen die Kapitulation vor den Oberen lehrt.**[121]

Die Bauernfamilie in Szene 11 liefert mit ihren leiernden Gebetslitaneien, die das Gewissen einschläfern, den Kontrast zur Aufweckung der Schläfer durch Kattrin. (Ausgerechnet ihr werfen sie Gewissenlosigkeit vor. (102)) Die Stumme, die nicht beten kann, zeigt, dass man etwas **machen** kann. (Die Bäuerin: **Wir können nix machen gegen das Blutvergießen.** (101) **Jesus, was macht die?** (102)) Die gestische Funktion der kleinen Rollen wird hier besonders deutlich. Sie wirken wie die Randfiguren auf mittelalterlichen Altartafeln, die auf das Heilsgeschehen im Zentrum hindeuten. Jede Figur gibt einen Impuls und empfängt einen Gegenimpuls. Der junge Bauer z. B. wird durch Kattrins Tat zur aktiven Solidarität ermutigt. **Schlag weiter! Sonst sind alle hin.** (105) Der wiederum dient als Kontrast zu seinem Gegenspieler, dem Fähnrich, der die Solidarität mit seiner Klasse verraten hat.

Zwischen Kontrasttypus und Charakterrolle stehen die Figuren Feldprediger, Koch und Yvette. Sie erfordern eine eingehendere Betrachtung.

I – Der Feldprediger

> Ich geh jetzt mit dem Feldprediger eine katholische Fahn einkaufen und Fleisch. So wie der kann keiner Fleisch aussuchen, wie im Schlafwandel, so sicher. (41)

Der Geistliche als Connaisseur des ›Fleischlichen‹, der evangelische Pfarrer, der eine katholische Fahne **einkaufen** geht – der sublime Wortwitz will den Glaubenskrieg als Heuchelei entlarven.

BRECHT verfährt hier nicht grob karikierend wie beim Obristen. Die ideologische Entschleierung der Figur erfolgt mit Ironie und eher mildem Spott. BRECHT billigt ihr sogar einmal eine **ungemein zarte, betretene Geste** zu.[122] Er zeigt durchaus Sympathie für die Figur. **Man sah gleichsam wieder einen jüngeren Geistlichen in der Universitätsstadt**

Upsala vor sich.[123] Auf seine Herabsetzungen durch den Feldhauptmann reagiert der Geistliche mit **humorvollem Lächeln**.[124] Bei der Hilfeleistung für die Verletzten in Szene 5 erhebt er sich sogar gegen seine Arbeitgeberin Courage. **Wenn er den Beschädigten hilft, wird es offenbar, daß es schade auch um ihn ist.**[125]

Der Feldprediger in seiner neuen Rolle als Schankknecht der Courage zeigt die sozialtypischen Irritationen des *Studierten*, der in *ungeistige* Verhältnisse geraten ist. **Ich hab Seelsorgerei studiert. Hier werden meine Gaben und Fähigkeiten mißbraucht zu körperlicher Arbeit** (71). Er gibt sich unwillig, wenn er so **mißbraucht** wird, z. B. zum Holzhacken. Er zieht widerwillig die Jacke aus und stellt sich bewusst unpraktisch an. **Ich bin eigentlich Seelsorger und nicht Holzhacker** (69). Worauf er eigentlich aus ist, enthüllt er einige Zeilen darauf: **Im Ernst, Courage, ich frag mich mitunter, wie es wär, wenn wir unsere Beziehung etwas enger gestalten würden [...] keine Beziehung mit Essen und Holzhacken und solche niedrigen Bedürfnisse [...] Lassen Sie Ihr Herz sprechen** (71). Herz heißt in diesem Fall Aufstieg vom Arbeitnehmer zum ehelichen Geschäftspartner. Die Sprache der Liebe dient verfremdend der Verschleierung grob materialistischer Interessen.

BRECHT gibt hier seiner Verachtung der ›gebildeten‹ kleinbürgerlichen Schicht zwischen Ausbeutern und Proletariat Ausdruck. Der Feldprediger dient den Mächtigen und hält es sich auch noch zugute. **Ich kann ein Regiment nur mit einer Ansprach so in Stimmung versetzen, daß es den Feind wie eine Hammelherd ansieht. Ihr Leben ist ihnen wie ein alter verstunkener Fußlappen, den sie wegwerfen in Gedanken an den Endsieg** (71). Der bewusste Anachronismus im Goebbels-Ausdruck *Endsieg* will politisch aktualisierend die Rolle der Kirchen im Hitlerkrieg anprangern, wie BRECHT sie sah. Der Prediger enthüllt sich als Gehilfe der Kriegstreiber: Der Hirt treibt mit seiner Rede die Herde zur Schlachtbank. Sein Abstieg zum ›Arbeiter‹ aber verhilft ihm zur Einsicht in die Schandbarkeit seiner Rolle. **Seit ich verlumpt bin, bin ich ein besserer Mensch geworden. Ich könnt ihnen nicht mehr predigen** (83).

Als er aber noch in Amt und Würden war, verhielt er sich unwürdig. Seinen soldatischen Vorgesetzten, die ihn beleidigen, zeigt er sich gefällig, auch wenn er seine christliche Verkündigung dabei verraten muss. Er rechtfertigt Eilifs hinterhältigen Bauernmord aus der Bibel. Von seinen Oberen erntet er für seine Dienstleistung nur Verachtung. **Der Feldprediger kriegt einen Dreck, der ist fromm** (22). Nach dem Modellbuch soll der Feldhauptmann dem Geistlichen bei diesen Worten verächtlich einen Schwupp Wein über den Talar gießen. Sein Amt garantiert ihm eine Versorgung, denn **geglaubt wird immer noch** (83) und **Bettler wird** man immer brauchen (41). Der pfäffische Charakter erweist sich an der Verschleierung egoistischer Motive durch altruistische Rede. Als die Courage mit der Yvette um den Marketenderwagen und damit um das Leben ihres Sohnes handelt, mischt er sich in den Handel ein, besorgt um die Erhaltung seines Arbeitsplatzes, nicht so sehr eines Menschenlebens: **Ich wollt Ihnen nix dreinreden, aber wovon wolln wir leben? Sie haben eine erwerbsunfähige Tochter aufm Hals** (50).

Ganz unverhüllt zeigt sich sein materielles Interesse und seine Versorgungsangst in seinem ›Hahnenkampf‹ mit dem wieder aufgetauchten Koch um den Besitz der Courage. Dabei wird er ganz unfromm: **Wenn Sie nicht das Maul halten, ermord ich Sie, ob sich das paßt oder nicht** (83). Seine Wut wirkt besonders komisch, wenn man sich erinnert, wie er kurz zuvor den Koch als rücksichtslosen Gewaltmenschen bezeichnet hat, weil der seinen Pfeifenstiel durchgebissen hat.

Der Feldprediger in seiner bürgerlichen Existenzangst ist zweifellos ein schwächlicher Mensch. Wenn es ums Überleben geht, zieht er auch die Fahne des eben noch geschmähten Feindes auf: **Hie gut katholisch allewege** (44). Aber in seinem Zorn ist er der Einzige, der seiner Brotgeberin die Wahrheit zu sagen wagt: **[…] Courage! Sie sind eine Hyäne des Schlachtfelds […] wenn ich Sie den Frieden entgegennehmen seh wie ein altes verrottetes Sacktuch, mit Daumen und Zeigefinger, dann empör ich mich menschlich; denn dann seh ich, Sie wollen keinen Frieden, sondern Krieg, weil Sie Gewinne machen** (82). Es ist zwar nur ein Eifersuchtsausbruch, aber der Feldprediger ist ehrlich in einer Situation, in der der Koch nur liebedienerisch taktiert.

Der Feldprediger muss das Feld räumen um dem Robusteren, auch erotisch Überlegenen das Feld zu räumen. Er geht und leistet Eilif Beistand im Sterben. Als er gerade seinen seelsorgerischen Beruf aufgekündigt hat (83), wird er zum wirklichen Seelsorger.

II – Der Koch Pieter Lamb
In der Urfassung war er ein Schwede. **Ein Schwed *und* mager**, sagte Yvette.[126] Die Textänderung ist nicht ohne Witz: **Ein Holländer, *aber* mager** (31). Als die Yvette ihrem einst Geliebten nach Jahren wiederbegegnet, lautet ihr verächtliches Urteil: **Fett!** (84)

Seine Herkunft hat etwas zu bedeuten. **Er ist aus Flandern** heißt als Redensart: Er ist ein treuloser Liebhaber.

Pieter Lamb ist der Pfeifenpieter, **Wo die Weiber verrückt gemacht hat […] an der ganzen flandrischen Küste […] an jedem Finger eine, die er ins Unglück gebracht hat** (84 f.). Seine Rolle als Weiberheld soll auf einen Missstand hinweisen, den der Krieg verschuldet hat, nicht der *gewissenlose Liebhaber.* Der Soldat ist treulos, weil er sich nicht binden darf. Noch im kalifornischen Exil las BRECHT den *Non-Fraternization*-Befehl der alliierten Militärregierung in Deutschland, durch den auch Liebesbeziehungen zwischen alliierten Soldaten und deutschen Mädchen verboten werden sollten. Die Ersetzung des Surabaja-Songs in Szene 3 durch das Lied vom »Fraternisieren«[127] ironisiert diese weltfremde Maßnahme.

Das Lied spielt mit dem Widerspruch des geliebten Feindes. **Dann nimmt der Feind uns hintern Strauch / Und's wird fraternisiert. – Dann ist der Feind, mein Liebster auch / Aus unsrer Stadt marschiert** (32). Die Veranstaltung einer *Maiandacht* mit militärischem Gepränge dient dabei ganz offensichtlich der Inszenierung einer Liebesfeier. Yvette Pottier, die das Zeremoniell ernst genommen hat und ihrem *Feind* nachgezogen ist, büßt ihre Liebe als syphilitisch infizierte Lagerhure.

Das treulose Verhalten des Pieter Lamb wird ihm dabei moralisch, nicht persönlich zugerechnet. Es dient der sozialtypischen Demonstrationsabsicht des Stückes: Der Krieg pervertiert die Liebe zur Prostitution. Bevor er von der Yvette unter Anklage gesetzt wurde, begegnete uns der Koch bereits in einer sympathischeren Rolle. Er ist als Offizierskoch eine renommierte Person im Feldlager. Sein Handelsgespräch mit der Courage um den Kapaun **hatte unter anderem den Beginn einer zarten Beziehung zu etablieren.**[128] Es enthält in verfremdeter Form eine Reihe erotischer Anspielungen. Allein, dass die Courage einem so gockelhaften Mann ausgerechnet einen Kapaun aufschwatzt, bringt Ironie ins Spiel. In der Inszenierung von 1951 zog der Darsteller des Lamb (Fritz Busch) die Courage unter dem Handel auf sein Knie und flüsterte ihr **ein lyrisches ›dreißig‹** ins Ohr.[129] Als er nach ihrer Brust griff, schob ihm die Courage den Kapaun unter die Hand. Dass die Courage ihn schließlich beim Handel ausgetrickst hat, tut der Liebe keinen Abbruch; im Gegenteil, Pieter Lamb spürt Seelenverwandtschaft und hat Respekt vor so viel Geschäftstüchtigkeit. Fortan träumt er von ihr (34). Die Courage wiederum amüsiert sich über die Art, **wie der Koch mit der Spitze eines langen Fleischmessers die verfaulte Rinderbrust aus der Kehrrichttonne fischte.**[130]

Die erotische Beziehung der Courage zu Pieter Lamb kommt durch die Geschäftsbeziehung in Gang. Kommerz und Liebe ergänzen sich. Beide sind sich in ihren materiellen Interessen einig. Verwandt zeigen sie sich aber auch in ihrer Respektlosigkeit vor den Mächtigen. Sie beherrschen die verdeckte Subversivität der *Schwejk*-Rede perfekt und spielen einander, die Phrasen von Glauben und Freiheit hintersinnig verspottend, dabei verschmitzt die Bälle zu (s. S. 34 ff.).

Der Koch lässt bei seiner Flucht aus dem Feldlager der Courage seine Pfeife zurück, ein Liebespfand. **Heben Sie sie mir auf! Ich brauch sie** (37). Diese Pfeife holt sie ostentativ hervor und zündet sie an, als sie den Feldprediger mit seinem Liebeswerben abblitzen lässt (69 f.). Als der Koch nach drei Jahren wieder auftaucht, macht er sich bei ihr durch geschäftliche Ratschläge beliebt (82). Sie nimmt seinen Rat an. Er ist ihr als Geschäftspartner genauso willkommen wie als Liebhaber. Sie behandelt die Liebe wie alle ihre sozialen Beziehungen mit geschäftsmäßiger Nüchternheit.

Auch darin ist ihr der Koch verwandt: **Ich sag nicht nein** (89). Ebenso nüchtern und unsentimental vollzieht sich die Trennung. **Wir gehen die andere Richtung, und dem Koch sein Zeug legen wir hier heraus** (97). Von einer moralischen Verurteilung des Kochs wegen seiner Ablehnung, die stumme Kattrin in seinen Haushalt aufzunehmen, ist keine Rede. **Ich sag nicht, was du sagst ist unvernünftig** (96). Die Ehe ist ein Geschäftsvertrag zur gegenseitigen Sicherung des Unterhalts; wenn der nicht mehr gewährleistet ist, muss der Vertrag gekündigt werden. BRECHT plädierte dafür, auch diese Trennungsszene nüchtern und verhalten darzustellen. Die Courage versteht als Geschäftsfrau die Geschäftsrücksichten ihres Partners; seine Gastwirtschaft in Utrecht ist nur klein. Der Koch macht *vernünftigerweise* von der *Moral* Gebrauch, die er eben in seinem Bettellied besungen hat: Die Selbstlosigkeit des Heiligen Martin, der seinen Mantel teilt und selbst erfriert, ist schädlich. Zu verurteilen sind aber nur die sozialen Verhältnisse, die solch ein Verhalten unausweichlich machen.

III – Die Lagerhure Yvette Pottier

Sie tritt dreimal auf, immer in verschiedener Gestalt. In Szene 3 ist sie noch eine **hübsche Person** (29), voller Reue über eine erotische Jugendverirrung: **Ich hätt zu Haus bleiben sollen, wie mein Erster mich verraten hat** (31). Ihre ›geschäftliche‹ Situation ist verzweifelt; man redet im Lager über ihre venerische Krankheit. Sie trinkt. Sie wirft ihren bunten Hurenhut weg: **Den kann haben, wer will** (33).

Kurz darauf braucht sie ihn wieder; die *Katholischen* haben das Lager überrannt; eine neue Kundschaft, die noch nichts von ihrem Zustand weiß, bietet neue Chancen.

Nach drei Tagen (laut Szenentitel, S. 39) hat sie sich bereits völlig verwandelt. Aus der hübschen Dirne, der noch in ihrer Verzweiflung eine gewisse Grazie anhaftete, ist eine bourgeoise Megäre geworden, keifig und krank vor Besitzgier. Die psychologische Wahrscheinlichkeit hat bei BRECHT zurückzutreten hinter den sozial bedeutsamen Gestus. Der heißt in diesem Fall: Der soziale Aufstieg hat den Charakter der Hure deformiert. Sie hat den Obristen, einen österreichischen Aristokraten, zum Freund gewonnen. Im Kauf des Marketenderwagens wittert sie die Chance auf der Leiter bürgerlicher Reputation eine Sprosse höher zu steigen. Gewissenlos nutzt sie die Zwangslage ihrer einstigen Vertrauten aus: **Ich weiß, sie muß verkaufen** (49). Gerissen spielt sie einen **blonden Fähnrich** gegen ihren senilen Verehrer und Geldgeber aus um ihn spendabel zu stimmen. Kalt wirft sie ihren Trumpf hin: **Machen Sie sich keine Hoffnung, wenn Sie Ihren Schweizerkas wiederhaben wolln** (51). Sie schlägt die Händlerin mit ihren eigenen Waffen. Gierig wühlt sie in ihrem angemaßten Besitz herum, zählt Strümpfe und Hemden. **Ich muß alles durchgehen, damit nix wegkommt aus *meinem* Wagen** (49). Als die Courage sie zur Eile drängt, da es um Leben und Tod geht, entgegnet sie, haltlos vor Habgier: **Nur noch die Leinenhemden möcht ich nachzählen** (50). Die Courage nennt hier die Yvette so, wie sie selbst später genannt werden wird: **eine Hyäne.** (50; 82)

Als aber der Schweizerkas erschossen ist, bricht bei der Yvette trotz ihres Ärgers über das entgangene Geschäft doch wieder die Solidarität der kleinen Leute durch. Sie warnt die Courage vor den inquisitorischen Fragen der kaiserlich-katholischen Fahnder, jetzt ohne Eigennutz und Berechnung. Es zeigt sich, dass die Hure nicht von so niedriger Gesinnung sein kann wie die ›Höheren‹.

In ihrem dritten Auftritt (83 ff.) erscheint die Yvette verunstaltet von Hässlichkeit. Nach den Regievorstellungen BRECHTs ist sie über ihre Jahre gealtert, dick, kurzatmig, ganz entstellt von Puder und Schminke, aber kostbar gekleidet. Sie ist **in die Höhe gekommen** (85), also menschlich deklassiert. **Mit der Rachsucht alter unglücklicher Leute bellt sie auf den Feldkoch ein**[131], ihren Jugendgeliebten.

Die Verwandlung soll sich, laut den Jahresangaben in den Szenentiteln, in nur drei Jahren vollzogen haben. Wieder zeigt sich die Variabilität der Figuren. Sie ist für BRECHT kein psychologisches, sondern ein dialektisches Gestaltungsmittel. **Jede Rolle hat über ihren privaten Charakter hinaus eine genaue Definition ihres sozialen Ortes zu enthalten.**[132] Der soziale Ort der Yvette ist am Schluss der einer Obristenwitwe. Ihr höherer Stand bedingt ihre niedrigere Gesinnung.

5 Vergleichende Analysen der Szenen 1; 5; 12

> Die Courage lernt nichts. Das Publikum kann dennoch etwas lernen, sie betrachtend.
> BRECHT zu Friedrich Wolf, 1952

Die Lernunfähigkeit als Lehrbeispiel

Die Szenen 1, 5 und 12 sind durch zwei Motivübereinstimmungen miteinander verklammert:
a) Das hartnäckige Bekenntnis der Courage als Geschäftsfrau,
b) das Dazwischentreten der stummen Kattrin als Gegenbekenntnis.
Die illusionäre Hoffnung der Marketenderin auf Kriegsgewinn wird durch das stumme Spiel ihrer Tochter als gewissenlose Fehlkalkulation aufgedeckt, zuletzt in totaler Stummheit durch ihr Auf-der-Bühne-Sein als Tote.

Anfang und Schluss des Stückes sind eingerahmt von dem Gegensatz Ordnung – Unordnung: Der Krieg, der sich zu Beginn als große Ordnungsmacht gerierte, endet in der Desorganisation der zerlumpten Heerhaufen.

5.1 Szene 1

Die Kriegsknechte haben das erste und letzte Wort. Sie suchen Kanonenfutter und finden es im Lieblingssohn der Courage. Dazwischen expliziert sich die Vorgeschichte der Fabel: Mutter Courage stellt sich und ihre Kinder den Werbern vor. Im **Losorakel**, gedacht als Irreführung der Werber, wird in ominöser Weise der Ausgang der Fabel antizipiert. Am Ende der Szene wird in einem Reimpaar ihre Lehre ausgesprochen:

Will vom Krieg leben / Wird ihm wohl müssen auch was geben (19).
Der Satz erreicht aber seine Adressatin nicht mehr; ihr Wagen und damit ihr Schicksal **rollt weiter** (19).

Der Szenentitel ordnet das Geschehen historisch ein: Der Dreißigjährige Krieg tritt in sein sechstes Jahr (I), ist also noch jung.

Damit haben sich die tragenden Motive der Handlung und ihre Hauptfiguren bereits in der Eingangsszene vollständig entfaltet. Darin ist sie der Exposition einer klassischen Dramenhandlung ähnlich. Es sind aber die episch-dramatischen, BRECHT-typischen Elemente, die der Szene ihre gedankliche Tiefenschärfe geben, sie im Sinne des Autors historisch-dialektisch interpretierbar machen, nämlich Song, sprachliche Verfremdungen, szenisches Arrangement, Gestik und Dingsymbolik. Diese Elemente sind erst genau erkennbar, wenn man mit den Szenentexten auch BRECHTS Anmerkungen und Inszenierungsmodelle[133] liest. Seine detaillierten Regieanweisungen, die uns heute zum Teil stilistisch überholt anmuten, wollen den aktuellen Gleichnisbezug zu den politischen Verhältnissen seiner Zeit herstellen.

BRECHT hat sich gegen mythologisierende Deutungen der Couragefigur als **Niobe** oder **Muttertier** heftig verwahrt. Nicht das Walten überpersönlicher Mächte wollte er zeigen, sondern die soziale und ökonomische Gewalt der Mächtigen in einer genau bestimmbaren historischen Situation. Hinter der dramatisierten Fabel wird ein allwissendes episches Ich erkennbar, das in verfremdenden Formen auf Befremdliches hinweisen will.

Verfremdungsmittel in Szene 1

a) Die Sprache der Werber

Ihr einleitendes Gespräch entlarvt sie. Hinter ihren Räsonnements über Ordnung, Disziplin und militärische Organisation steckt ein Ziel: die Realisierung des Kriegsgewinns. Menschen und Güter werden gleichermaßen als Beutestücke klassifiziert.

Die Vorstellung vom Krieg als Zivilisationsstifter kommt aus der Staatsphilosophie des 17. Jahrhunderts. **Erst der Krieg hat die Menschen zivilisiert, er hat sie zur Disziplin befähigt,** behauptete Sebastian Vaubun, Festungsbaumeister Ludwigs XIV. Diese Vorstellung wird von BRECHT ad absurdum geführt, indem Absurditäten erkennbar gemacht werden. Der Werber bekennt sich zu seinen gewissenlosen Machenschaften und beruft sich im gleichen Atemzug auf **Manneswort, Treu und Glauben** und **Ehrgefühl** (7). Er ärgert sich, weil ihm ein Opfer entwischt ist und er seiner Werbeprämie verlustig geht. Der Zuhörer konstatiert mit Befremden: Der Betrüger verliert das **Vertrauen in die Menschheit** (7), weil ein Mensch sich nicht von ihm betrügen ließ. Es zeigt sich ein grotesker Widerspruch zwischen Sein und Bewusstsein.

Der Feldwebel führt die Absurdität auf ein ›philosophisches‹ Niveau; sein Dienstrang hebt ihn auf eine höhere gedankliche Warte. **Erst der Krieg schafft Ordnung (7). Nur wo Krieg ist, gibts ordentliche Listen und Registraturen […], wird Mensch und Vieh sauber gezählt** – und nun erfolgt seine Entlarvung in zwei verräterischen Worten – *und weggebracht* (8)[134]. Die militaristische ›Morallehre‹ des Feldwebels enthüllt sich als ideologischer Schwindel. Es geht nicht um Ordnung, sondern um Konfiskationen, Plünderungen und Kriegsbeute. Dabei sollen die beiden Soldaten keineswegs als amoralische Zyniker erscheinen, sie sind sich ihrer Perfidie nicht bewusst. Der Zynismus liegt nicht in den Personen, sondern in ihrer Situation, in ihrer kleinen Teilhaberschaft am Krieg als **Summe der geschäftlichen Unternehmungen aller.**[135]

b) Das Courage-Lied
Der Song als besondere Form der Verfremdung wird durch besondere szenische Arrangements (Beleuchtungswechsel, Musikembleme aus dem Schnürboden, Titelprojektionen) aus dem Dialog herausgehoben. Er soll kritische Distanz zur Handlung erzeugen.

Die Marketenderin präsentiert im Eingangslied sich selbst und ihr Selbstbewusstsein in provozierender Offenheit. Im Gegensatz zu den Soldaten, die sich mit ihren Formeln von militärischer Zucht verschleiern, bekennt sie sich von Anfang an ganz unverhüllt als Kriegsgewinnlerin. Sie will Beute machen, indem sie den Kriegsleuten ihre Beute wieder abhandelt. Sie weiß um die Wichtigkeit ihrer Rolle; das Furagewesen ist kriegsnotwendig. **Ihr Hauptleut, eure Leut marschieren euch ohne Wurst nicht in den Tod** (9).[136] Die Glaubensziele des großen Glaubenskrieges sind ihr ebenso gleichgültig wie das Schicksal der Soldaten. Sie will ihnen ihre Waren verkaufen, dann gibt sie sie frei für **den Höllenschlund.**

Die szenische Funktion des Courage-Songs ist ambivalent. Das Nüchtern-Spekulative, das Realistische und Unideale ihres unverblümten Geschäftssinns hebt die Figur über den verlogenen Moralismus der Kriegsleute hinaus. **Der Krieg ist nichts als die Geschäfte** (75), singt sie auf dem Höhepunkt ihrer Handelskarriere. Ihre Einschätzung des Krieges stimmt, aber die Einschätzung ihrer Situation in diesem Krieg ist verhängnisvoll fehlerhaft. Sie will ihre Kinder über den Krieg retten, gibt ihm aber alle anderen preis. Ein Wort enthüllt den Widerspruch: **Ihr wollt ihn mir auf die Schlachtbank** *führen* (13). *Führt* **sie in den Höllenschlund!** (9). Hier erklärt sich, warum BRECHT auf den Proben auf die scharfe Akzentuierung einzelner Wörter drang. Es ging ihm nicht um Psychologisierung, sondern um Exemplifizierung. Nicht eine originelle Person in ihrer erfrischenden Respektlosigkeit gegen Autoritäten soll gezeigt werden, sondern deren eigensüchtige Komplizin.

c) Gegenstände und Gestik
Die geschäftliche Gewieftheit der Courage erweist sich in ihrem Misstrauen. Bevor sie den Schnallenhandel mit dem Feldwebel abschließt, beißt sie in die dargebotene Münze: **Ich bin ein gebranntes Kind** (18). Im gleichen Augenblick verliert sie ihren Sohn Eilif an den Werber.

Aus den Modellbüchern geht hervor, welchen Wert BRECHT solchen enthüllenden Gesten beimaß. Ihr vorsichtiger Umgang mit dem Geld soll etwas demonstrieren: die Bedrängtheit ihrer Existenz. Selbst als sie das Begräbnisgeld für ihre Tochter Kattrin abzählt, **fischte sie ein paar Münzen aus der ledernen Umhängetasche heraus, legte eine zurück und gab den Rest den Bauern** (Modellbuch 1949, zu Szene 12). In Szene 1 wird die Münze zum Sinnbild ihrer Betrogenheit: Ihr kleiner Gewinn führt zu einem großen Verlust. Der Schnallenhandel war eine Finte. Die Soldaten haben sie mit ihrer eigenen Schwäche, ihrer Profitgier, überlistet.

d) Das szenische Arrangement

Im letzten Drittel der Szene spielen sich auf der Bühne drei simultane Aktionen ab: Eilif wird vom Werber umgarnt – Kattrin versucht **mit rauhen Lauten** ihre Mutter auf die Gefahr aufmerksam zu machen – Die Courage ist von ihrem Handel absorbiert. Das Modellbuch 1949 trifft hier besonders sorgfältige Detail-Arrangements, die auf die Auslösung von kritischen Reflexionen der Zuschauer zielen: Seht, die Courage kalkuliert, aber sie kalkuliert falsch. Sie ist verschlagen, wie das manipulierte Losorakel gezeigt hat, aber nicht verschlagen genug. Ihr Misstrauen meldet sich an falscher Stelle. Sie will betrügen und merkt nicht, wie sie betrogen wird. Sie ist eine Kriegsgewinnlerin, aber sie erleidet einen großen Verlust. Ihr Wagen ist am Schluss der Szene nicht mehr komplett: Ihm fehlt das beste ›Zugpferd‹. Sie betreibt das Geschäft mit dem Krieg im kleinen Stil, aber sie ist den Geschäften der Großen nicht gewachsen. Sie durchschaut den Krieg als Geschäftsunternehmung, aber sie überschätzt ihre Teilhaberschaft. Ihre Selbstsucht ist selbstzerstörerisch. Ihre Tochter ist stumm, aber sie selbst ist taub. Die unartikulierten Warnrufe Kattrins überhört sie (**Gleich, Kattrin, gleich. Der Herr Feldwebel zahlt noch.** 18). Die wirkliche Mutter ist die Tochter; sie zeigt den Instinkt einer Glucke vor dem Raubvogel. Der befremdlichste Widerspruch aber zeigt sich am Schluss: Die Schuldige entschuldigt die Schuldlose: **Ich weiß, du kannst nicht reden** (18).

Der Zusammenklang von **richtiger Spielweise** (Modellbuch), gestischer Demonstration, sorgfältig modellierender Bühnenregie, Dingsymbolik und sprachlicher Verfremdung zielt auf die Lehrabsicht des Stückes: **Die Einsicht in den Zusammenhang von Krieg und Kommerz** (Modellbuch 1949).

5.2 Szene 5

Der Dialog spielt mit den Begriffen Sieg und Niederlage, Gewinn und Verlust, Zahlen und Stehlen. Ein Soldat, der bei der Plünderung Magdeburgs leer ausgegangen ist, erbeutet bei der Courage eine Flasche Schnaps. Sie entreißt ihm dafür einen gestohlenen Pelzmantel und hält sich dadurch schadlos für den Verlust ihrer Offiziershemden, die ihr der Feldprediger mit sanfter Gewalt abgetrotzt hat, um sie als Verbandsstoff für verwundete Bauern zu verwenden. Auch Kattrin hat mit einem im zerschossenen Bauernhof gefundenen Säugling ihre ›Beute‹ gemacht.

Die Szene ist die aufgeregteste des Stückes, ganz **auf rasches Tempo gestellt** (Modellbuch 1951). Trotzdem liegt auch hier der Sinn nicht in der Dramatik, sondern in der Demonstration.

Der Szenentitel enthält mit dem Satz **Tillys Sieg bei Magdeburg kostet Mutter Courage vier Offiziershemden** eine ironische Verfremdung. Er verschiebt den Blickpunkt auf das Unwesentliche. Die eigentlichen Verlierenden sind die am Krieg Unbeteiligten, die Bauern, deren Gehöft durch die Kanonade zerstört wurde. Sie sind katholischer Konfession (62), also zur Partei der **Sieger** gehörig, ein enthüllender Widerspruch. Während vorn auf der Bühne um Schnaps gefeilscht und um Leinen gegeizt wird, spielt sich ein unsichtbares Geschehen hinter der Bühne ab, erschließbar aus drei Sätzen des Feldgeistlichen: **In dem Hof da liegen noch welche** (61); **Es liegt noch eine drunter** (63); **Ich geh nicht mehr hinein** (63). Der Widerspruch zwischen Siegesfeier, Schankbetrieb, Streit um Beute und dem Sterben der Bauern wird illustriert durch eine **dünne Militärmusik**. Die Demonstration zielt auf die Erkenntnis: Der Sieg der Großen ist die Niederlage der kleinen Leute. **Der Prolet bezahlt den Sieg, der Prolet bezahlt die Niederlage**[137].

Verfremdungsmittel in Szene 5

a) Die Musik
Der Komponist Paul Dessau charakterisiert den im Hintergrund **von weit her** erklingenden Siegesmarsch als ein Stück **mit echtem Tanzcharakter**[138]. Die Instrumentierung durch zwei Flöten, Trompete und Harmonika unterstreicht den Eindruck einer fröhlichen Feier, ein scharfer Kontrast zur Szenerie des zerstörten Dorfes. Das Notenbild aus schnellen Sechzehnteln schreibt durch Punktierungen ein hüpfendes Stakkato vor. Das Modellbuch 1949 verlangt intermittierende Pausen. Das mehrmalige Wiedereinsetzen der Musik fällt der Courage auf die Nerven: **Sie sollen mit der Musik aufhören [...] Ich hab nur Verlust von eure Sieg** (63). Ihr Schankgeschäft geht schlecht; die Soldaten haben kein Geld;

die Kriegsbeute war enttäuschend. Dazu kommt nun auch noch der Verlust der Offiziershemden. Durch ihre stark ausgespielte Verärgerung wird ihre moralische Verhärtung bloßgestellt. Ihr Ausruf **Ich bin ruiniert** wird nach dem Modellbuch durch eine auffällig auf ihrem Bauch baumelnde Geldtasche konterkariert.[139] Ihre Verluste sind lächerlich gegen die Verluste des Volkes, dessen Leiden zu lindern sie sich weigert. So klingt der Siegesmarsch wie ein höhnischer Kommentar zu den schlechten Geschäften der Marketenderin; für den nachdenkenden Zuschauer ist er ein zynischer Triumph über die leidenden Bauern.

b) Die Sprache

Die Eroberung einer reichen Stadt eröffnete auch dem gemeinen Soldaten in der Regel Aussicht auf reiche Beute. Hier aber wurde die Hoffnung enttäuscht; die Plünderungszeit war zu kurz. **Er ist kein Unmensch** (61), hatte der Feldhauptmann zur Begründung des frühen Abbruches gesagt. Seine Entlarvung erfolgt im Nachsatz: **Die Stadt muß ihm was gezahlt haben**. Die idealische Prätention wird durchschaut. Der Offizier hat doppelt kassiert durch seinen Hauptanteil an der Beute und durch Bestechlichkeit. Der Soldat erweist sich als Realist. Er weiß genau: Siegen heißt stehlen. **Willst du noch weiter*siegen*** (63), sagt die Courage zum Soldaten, als er ihr eine Flasche Schnaps gestohlen hat. Auch sie erweist sich als Realistin. Sie glaubt nicht an den Glaubenskrieg. **Die pfeifen dir auf'n Glauben, denen ist der Hof hin** (62). Das religiöse Bekenntnis ist ein idealer Luxus in Situationen materieller Sicherheit.

In ihrer Selbsteinschätzung aber ist sie blind. **Die und weggehen von was! Aber jetzt soll ich herhalten** (62). Der sich kritisch zurückerinnernde Zuschauer konstatiert befremdet, wie die Courage hier gegen sich selbst argumentiert. In Szene 3 hat sie gezeigt, dass sie selbst ihren Besitz um keinen Preis loslassen kann, auch nicht um den eines Sohnes. Ihre Sprachwahl deckt ihren Selbstbetrug auf.

c) Gestik und Mimik

Mit **einem wahren Tigersprung**[140] entreißt am Schluss der Szene die Courage dem zechprellerischen Soldaten seinen Pelz. BRECHT schreibt hier der Darstellerin eine starke Exaltation vor, ein **Feilschen, Keifen und Toben durch die ganze Szene** (ebd.). Ihr auffälliges Gebaren soll mehr zeigen als ein cholerisches Temperament, nämlich ihre durch lange merkantile Betätigung gewachsene Selbstsucht. **Durch langes Handeln hat sie sich verhärtet** (ebd.). Alles sympathisch Humorige, ihre ganze verschmitzte Händlerinnennatur ist von ihr abgefallen, als sie Verluste erleidet. Um das zu verdeutlichen hat BRECHT noch in den Proben 1949 eine Regieanweisung geändert: In der Züricher Uraufführung hatte die Courage den teuren Verbandsstoff freiwillig herausgerückt, jetzt muss sie mit Gewalt von ihrer Wagentreppe weggetragen werden.

Das ehemals bessere Selbst der Courage verkörpert sich nun in ihrer Tochter. Ihre Opposition gegen die Mutter schlägt in offene Empörung um. Statt mit **rauhen Lauten** wie in Szene 1 nähert sie sich ihr jetzt mit **Gurgellauten** (62), ja sie bedroht sie mit einer Holzplanke. Noch stärker kommt der Kontrast beim Auffinden des Säuglings zum Ausdruck. **Wie eine aufgestörte Mutterhenne** soll laut Modellbuch die Kattrin auf der Bühne umherlaufen. Ihr kommt die wahre **Muttertier**-Rolle zu, die BRECHT der Courage bestritten hat. Die **schmerzliche Kinderstimme** aus dem Hintergrund übertönt sogar ihren Zorn. Sie spielt selbstvergessen mit dem Kind, **hebt es schubsend hoch** um es zum Lachen zu bringen (a.a.O.).

In solchen pantomimischen Details sah BRECHT die Wirkung der Szene. Die Raubtierhaftigkeit der Mutter, die sich mit einem **Tigersprung** ihre Beute krallt, wird kontrastiert durch die Mütterlichkeit der Tochter, die dem Säugling ein sprachloses Wiegenlied lallt. Das gestische Handeln der Schauspieler soll die Widersprüche im Handeln der Figuren demonstrieren.

5.3 Szene 12

Die Schlussszene hat keine Titelprojektion mehr. Selbst das große Schild mit der Ortsangabe *Sachsen* ließ BRECHT hochziehen.[141] Alle Versatzstücke sind weggeräumt, die Szene spielt im Leeren. Die Historisierung tritt zurück hinter das Gleichnishafte. Es wird ein Fazit gezogen. Der Courage bleibt nichts übrig als ihr fast leerer Wagen mit zerschlissener Plane. Er wird zum Symbol ihrer zerstörten Existenz.

Der Dialog der Szene besteht aus ganz wenigen Repliken. Ihr eigentlicher Inhalt sind zwei Lieder, sie besteht also fast nur aus episierenden Elementen. Von starker demonstrativer Wirkung ist auch die Gebärdensprache der Courage beim Umgang mit dem Leichnam. Ihre Stilisierung wirkt durch die Reduktion auf ganz wenige ausdrucksvolle Gesten archaisch.

Die Sprache der Bauern bringt Feindseligkeit zum Ausdruck, auch ihre Gruppierung auf der Bühne, durch die sie sich zur Händlerin in Opposition setzen. Aus den Szenenfotos in *THEATERARBEIT* (1952) wird deutlich, wie stark die Isolierung der Courage markiert werden soll. Die Bauern stehen eng gedrängt; sie sprechen zu der Landfremden, der Fahrenden, nicht Sesshaften, die ihnen Unglück gebracht hat, über die Schulter und drängen sie zum Aufbruch: **Sie müssen los endlich** (107).

Zwei gegenseitige Vorwürfe bleiben haften: **M. C.: Sie hätten ihr nix von die Kinder von Ihrem Schwager sagen sollen** (106). – **Der Bauer: Wenns nicht in die Stadt gegangen wärn, ihren Schnitt machen, wärs vielleicht nicht passiert** (107).

Der letzte Satz der Courage: **Ich muß wieder in'n Handel kommen** (107) soll nach BRECHT von den Zuschauern **mit Mißbilligung und Kopfschütteln** aufgenommen werden.[142]

Verfremdende Mittel in Szene 12

a) Das **Wiegenlied**

Die Sammlung DES KNABEN WUNDERHORN überliefert vier Varianten eines Eiapopeia-Liedes, darunter ein sozial anklagendes (s. Mat. 14). BRECHT fügt seine eigene Version hinzu, ein Lied von nicht erfüllten Versprechungen. Dessau hat es als eine Art Sprechgesang komponiert, in einem leicht wiegenden Dreivierteltakt. Der betonte Taktteil fällt dabei zweimal auf das Wort *du* (Z. 6; 10), einmal auf *meine* (Z. 4). BRECHT legte Wert auf die Verstärkung dieser Betonung. Die Händlerin in ihrer kleinbürgerlichen Dünkelhaftigkeit wollte *ihr* Kind als ein besonderes sehen, reich gekleidet **in Seide**, gut genährt mit **einer Tort**. Der Widerspruch offenbart sich in der Sprachmelodie.

Ein solcher Widerspruch zwischen Sprache und Situation ist ein besonderer Typus von Verfremdung. In ihm offenbart sich nicht nur die Disparität zwischen Anspruch und Wirklichkeit, sondern ein schon wahnhafter Widerspruch in der Person der Händlerin. Sie singt ein Wiegenlied als Totenlied, sie erhebt einen besonderen Anspruch für ein Kind, dem gar keiner mehr gewährt werden kann, und sie hegt immer noch eine illusionäre Hoffnung. **Jetzt schlaft sie** (107). – **Die Bäuerin: […] Sie ist hinüber.**

BRECHT forderte, dass das Lied mit einem Minimum an Gefühl vorgetragen wurde[143]. Er wollte nicht Mitleid mit dem Schicksal der Händlerin erzeugt sehen, sondern **mit ihrer Dummheit**. Das Publikum sollte einen eindeutigen Schuldspruch gegen sie fällen, unbeeinflusst von Gefühlen.

Harald Engberg hat mit Recht auf die Schwierigkeiten hingewiesen, die BRECHT hier dem Zuschauer macht. **Wie aber sollen wir sehend werden, wenn der Dichter eine Figur so erhaben macht, dass wir ihr unser Mitgefühl und somit unsere Sympathie nicht verweigern können?**[144] Das **Wiegenlied** in seiner wahnhaften Entrücktheit erweckt in der Tat, ob der Dichter es will oder nicht, einen Eindruck von tragischer Erhabenheit. Man darf vielleicht vermuten, dass der Dichter BRECHT hier dem politischen Didaktiker in die Quere gekommen ist.

b) Die Gestik der Totenehrung (S. 107)
Das Regiemodell schreibt langsame Gänge und Bewegungen vor. **Das Arrangement ist choreographisch festgelegt**[145]. Die Sorgfalt in allen Hantierungen der Courage wird besonders betont: wie sie den Kopf der Kattrin von ihrem Schoß auf den Boden legt, wie sie eine Blache aus dem Wagen holt (ihre letzte) und sie **grausam genau** über den Leichnam zieht.

Alle Gefühlsäußerungen sind aufs Zeremonielle reduziert: Drei tiefe Verbeugungen der Courage als Dank für die Kondolenz der Bauersleute, eine noch tiefere beim Hinaustragen der Toten. **Den gesellschaftlichen Winkel, in dem die Vorgänge betrachtet werden, können wir nur bloßlegen, wenn wir ihnen viel Zeit geben** (a.a.O.). Die Frage ist, ob dieser rein gesellschaftliche Aspekt, etwa die Einsicht in das natürliche Taktgefühl der kleinen Leute, trotz aller regielichen Bemühungen beim Zuschauer überwiegt oder ob sich ihm nicht doch ein Gefühlseindruck aufdrängt angesichts der Erschöpfung, Erstarrtheit und Einsamkeit der Mutter Courage.

Vereinsamung kommt schließlich auch am Schluss zum Ausdruck, als die Händlerin ganz allein ihren Wagen dreimal um die Rundung der leeren Bühne zieht, durch eine **nicht auszumessende Wüstenei**.[146]

c) Das Schlusslied
In Strophenform und Melodie handelt es sich um den Schluss des Courageliedes aus Szene 1. Eine dritte Strophe (ohne Refrain) steht in Szene 7 als freches Bekenntnis der erfolgreichen Geschäftsfrau zum Kriegsgewinnlertum, eine angesichts der Situation des gescheiterten Friedens besonders zynisch wirkende vierte am Schluss von Szene 8. Die fünfte Strophe singt die Courage nicht mehr mit. Es ist ein Soldatenchor hinter der Szene, der ihr eine letzte illusionäre Hoffnung auf Gewinn verkündet: **Vielleicht geschehn noch Wunder** (108). Im Grunde aber hebt die Liedstrophe diese Hoffnung selbst wieder auf. Sie steht im Kontrast zur geschäftsfreudigen Aufbruchsstimmung des Eingangsliedes. Mit den halb zerlumpten, halb verhungerten, um ihren Sold betrogenen Heerhaufen des **alt gewordenen** Krieges sind keine Geschäfte mehr zu machen. Nur Form und Melodie des Liedes klingen noch an Szene 1 an, inhaltlich ist es ihre Widerlegung. Statt der überlegenen **Ordnung** des Krieges herrscht das große Chaos.

Im Widerspruch zum Text steht die musikalische Komposition. Sie schreibt **einen kräftigen Ton** vor, instrumentiert mit Pfeifen und Trompeten[147]. Die Musik soll nicht die Erschöpftheit der Kriegführenden zum Ausdruck bringen, sondern ihre nicht endenden Illusionen, ihr

Nicht-aufhören-Können. Das Motiv ist in der Eingangsszene vorweggenommen: **Da schrecken die Leut zurück vorm Frieden wie die Würfler vorm Aufhören** (8). Immer noch lebt die Hoffnung, den großen Schnitt zu machen. Der Widerspruch offenbart sich in der Zeile: **Der gmeine Mann hat kein Gewinn.** Die Singenden führen ihre Hoffnung selbst ad absurdum. Sie sprechen dabei die Lehre des Stückes aus, ziehen aber keine Konsequenz aus ihr. Diese Konsequenz soll der Zuschauer ziehen. Sie muss heißen: aufhören, nicht: weitermachen. Der Widerspruch wird nicht aufgelöst; er dient der Befremdung des Zuschauers, die er aus der Aufführung mit nach Hause nehmen soll.

6   Zeitbezug und Rezeption

In der Spielzeit 1961/62 nahm das Theater der Stadt Baden-Baden auf Drängen der Stadtverordnetenversammlung BRECHTS *MUTTER COURAGE* aus dem Spielplan, **aus Gründen politischen Takts und moralischen Empfindens**, wie es hieß.[148] Zur selben Zeit setzten neun weitere renommierte westdeutsche Bühnen ihre BRECHT-Aufführungen ab.[149] Es war das Jahr des Berliner Mauerbaus.

Im April 1956 verbot das ZK der SED 700 Studenten der Karl-Marx-Universität Leipzig eine Diskussion mit BERT BRECHT im Schiffbauerdamm-Theater Berlin. Walter Ulbricht hatte die von Helene Weigel initiierte Veranstaltung **eine Brüskierung der Partei** genannt.[150] Es war das Jahr der brutalen Repression gegen die innerparteiliche Oppositionsgruppe um Wolfgang Harich.

Man sieht: Zumindest zu seinen Lebzeiten war BRECHT im Osten kaum weniger umstritten als im Westen. **Schreiben Sie, daß ich ihnen unbequem war und unbequem zu bleiben gedenke. Es gibt da auch nach meinem Tode noch gewisse Möglichkeiten,** so lautete sein Vermächtnis an die DDR-Prominenz.[151]

Der Geist revolutionärer Dialektik war im *ersten deutschen Arbeiter- und Bauernstaat* nicht gefragt. Die Schriftsteller des *sozialistischen Realismus* standen in der Pflicht das System politisch zu stabilisieren, nicht es kritisch über sich hinauszutreiben. **Vulgarisierung der Literatur** warf der IV. Schriftsteller-Kongress der DDR dem Leninpreisträger BERTOLT BRECHT vor. **Mein Stern geht unter,** klagte der Dichter angesichts der Anfeindungen aus dem eigenen Lager.[152]

Sein Stern stieg im Westen, aller politischen Polemik zum Trotz. Die sechziger und siebziger Jahre brachten eine Inszenierungsflut seiner Stücke. Allein in der Spielzeit 1969/70 wurde auf westlichen deutschsprachigen Bühnen neben zahlreichen anderen BRECHT-Titeln 145 Mal *MUTTER COURAGE* gespielt.[153]

Helmut Jendreiek unterschied 1969 im Rückblick auf die Nachkriegsjahre drei Phasen der BRECHT-Rezeption: die polemische, die strukturalistische und die marxistische.[154] In der Tat: Nach dem Ausklingen der Kontroversen in Presse und Rundfunk wurde BRECHT Seminarthema und Schulbuchautor. Oft wurden dabei allerdings seine dramaturgischen Theorien eher jüngerhaft verkündet als kritisch sondiert. In seiner Rolle als selbst ernannter Anti-Aristoteliker wurde der Autor allzu ernst genommen. BRECHTS Kunst der dialektischen In-Frage-Stellung verbot sich gegenüber dem Meister selbst. **Die literarische Analyse alten Stils ist keine adäquate Untersuchungsmethode für die Stücke Brechts,** meinte Werner Hecht 1970 und verlangte, sein Werk müsse **als konkrete Anwendung seiner Theorien gesehen und dargestellt werden.**[155] Nach diesem Rezept interpretierte man bedenkenlos tautologisch BRECHT durch BRECHT. Man benutzte seinen eigenen, von ihm nicht eindeutig und widerspruchsfrei definierten Begriff der *Verfremdung* um damit die *Grundstruktur* seines Lebenswerks bloßzulegen; man brauchte zu diesem Zweck, so hieß es, **nur mit exemplarischen Belegen zu arbeiten.**[156] So wurde es Praxis, seine Dramen auf der Suche nach *V-Effekten* förmlich zu durchsieben und alle Fundstellen sorgfältig zu katalogisieren. Als Deutschlehrer musste man aber die Erfahrung machen, dass man seinen Schülern den Appetit auf BRECHT verdarb, wenn man zur Dramenlektüre die jeweiligen dramaturgischen Gebrauchsanweisungen BRECHTS allzu ausgiebig behandelte. Die Schüler verlangten nicht nach Dogmen, sondern nach einer unbefangenen kritischen Auseinandersetzung mit dem Text.

In den siebziger Jahren wurde das Interesse an BRECHT von anderer Seite wachgehalten. Die 68er-Bewegung griff nicht so sehr nach seiner Dichtung wie nach seiner einst verteufelten politischen Doktrin. BRECHTS Agitationstheater, noch 1962 als **moralische Anstalt marxistischer Observanz**[157] beschwichtigend relativiert, wurde jetzt Schauplatz des neomarxistischen Klassenkampfes. Straßentheatergruppen wie *POFO* (München), *Die roten Steine* (Westberlin) und *Interpol* (Köln) nahmen die Tradition revolutionärer Spieltrupps der zwanziger Jahre mit BRECHTS Lehrstücken wieder auf.

In der DDR sah man unterdessen BRECHT **zehn Jahre nach seinem Tode näher bei Schiller und Goethe als er sich selbst sehen mochte.**[158] Während der Dichter so im Osten als Klassiker mumifiziert wurde, reaktivierte man ihn im Westen als Barrikadenkämpfer.

6.1 Der Dramatiker im Exil

Es gab Aufführungen von BRECHT-Stücken auch nach 1933. Das Ballett DIE SIEBEN TODSÜNDEN DER KLEINBÜRGER mit der Musik von Kurt Weill kam 1933 in Paris heraus; ebenfalls dort, aus Anlass des spanischen Bürgerkrieges, DIE GEWEHRE DER FRAU CARRAR und 1938 einige Szenen aus FURCHT UND ELEND DES DRITTEN REICHES. Ernst Josef Aufrichts französischsprachige Fassung der DREIGROSCHENOPER, die 1937 in einem Pariser Boulevardtheater aufgeführt wurde, konnte den Berliner Erfolg nicht wiederholen. Im Übrigen gab es dänische und schwedische Arbeiter- und Studentenbühnen, die BRECHT-Stücke als antifaschistisches Agitationstheater spielten. Mit einem New Yorker Ensemble, das 1935 DIE MUTTER herausbrachte, zerstritt sich BRECHT über die epische Aufführungspraxis, auf die sich die in ihrer Routine verharrenden amerikanischen Schauspieler nicht einlassen wollten.

BRECHT wäre zum Insider-Autor für Emigrantenzirkel geworden, wenn nicht die eine große deutschsprachige Bühne ihm treu geblieben wäre: das Züricher Schauspielhaus. Es hatte damals deutsche Schauspieler-Emigranten in sein Ensemble aufgenommen wie Wolfgang Langhoff, Leonhard Steckel und Therese Giehse. Von 1941 bis 1943 gab es hier drei BRECHT-Uraufführungen: MUTTER COURAGE, DER GUTE MENSCH VON SEZUAN und DAS LEBEN DES GALILEI. Da es aber zwischen Deutschland und der Schweiz im Krieg kaum einen Informationsfluss gab, erinnerte man sich bei BRECHTS Rückkehr nach Europa 1948 nur an den Erfolgsautoren der DREIGROSCHENOPER und an seine skandalträchtige Theaterpraxis der zwanziger Jahre. Die großen Dramen der Exilzeit, von MUTTER COURAGE bis zum KAUKASISCHEN KREIDEKREIS, waren ja noch nicht einmal gedruckt erschienen. Man wusste nicht, dass sich BRECHTS Bühnensprache unterdessen zu einer modernen Klassizität und seine epische Dramaturgie zur Reife entwickelt hatten. BRECHT wurde nach dem Krieg zu einer literarischen Neuentdeckung.

Dabei hatten viele seiner neuen Stücke einen aktuellen politischen Bezug, der unterdessen schon wieder obsolet war. Das gilt auch für die MUTTER COURAGE. Als **Rufer in den Wind** empfand sich BRECHT, als er das Stück schrieb. Uneingestanden spricht man weiter zu denen zuhause, die gar nicht mehr hören können.[159]

6.2 Die Adressaten der Entstehungszeit
6.2.1 Die skandinavischen Länder

Ich habe mein Stück ganz bewußt für Skandinavien geschrieben[160], erinnert sich BRECHT 1953. **Beim Schreiben stellte ich mir vor, daß die Warnung des Stückeschreibers von den Bühnen einiger großer Städte gehört werden könnte.**[161] Die Warnung richtete sich speziell an dänische und schwedische Neutralitätspolitiker, die darauf spekulierten, sich durch Lieferung von Nahrungsmitteln und Eisenerzen mit Hitler zu arrangieren. Die Courage, die dem Irrtum erliegt, sie könne **durch Anpassung und Vermeiden von Unvorsichtigkeiten ganz gut mit dem Krieg leben**[162], sollte zeigen, dass dieser Weg ins Verderben führt. BRECHTS politischer Aufklärungsoptimismus war noch ungebrochen. Am 19. 12. 1940 notierte er hoffnungsvoll: **das schwedische theater hier interessiert sich für eine mutter courage-aufführung (?).**[163] Daraus wurde nichts, trotz

der Vermittlung der befreundeten Schauspielerin Naima Wifstrand, die
BRECHT mit der »Lotta Svärd«-Ballade bekannt gemacht hatte. So wurde
der unmittelbare Adressat des Stückes nicht erreicht. **Die Schriftsteller
können nicht so schnell schreiben, wie die Regierungen Kriege vom
Zaun brechen [...] Mutter Courage kam zu spät.**[164]

Nicht zu spät kamen zwei kleine politische Agitationsstücke, die
Einakter *DANSEN* und *WAS KOSTET DAS EISEN*? Es sind possenhafte Parabeln, deren Figuren – Herr Dansen (Schweinehändler), Herr Svendson (Eisenhändler), Frau Gall, Herr Britt und Frau Tschek – leicht als
nationale Personifikationen zu entschlüsseln sind, ebenso wie der unheimliche Kunde, der mit seinen Forderungen immer erpresserischer
wird und zum Schluss mit der Maschinenpistole droht. Die Ergänzung
des Ensembles durch einen Herrn Nordsen, Händler mit Heringen und
Segeltuch, blieb Fragment.

Die Aufführung durch ein schwedisches Laienensemble in Stockholm
im August 1939 war nicht nur politisch, sondern auch theaterhistorisch
interessant. In einem plakativ karikierenden Inszenierungsstil vollzog
sich ein **handfestes Kasperletheater mit Gruseleffekten.**[165] Der Eisenhändler trug eine Perücke mit Haaren, die sich sträuben konnten, andere Schauspieler trugen unförmige Pappmaschee-Köpfe, lange Clownsschuhe und übergroße Zigarren. BRECHT fand hier im schwedischen Exil
zu seiner frühen Maskenkunst im Valentin-Stil zurück.

Nach Notizen der BRECHT-Mitarbeiterin Margarete Steffin soll die
MUTTER COURAGE fast unmittelbar im Anschluss an die Aufführung
von *WAS KOSTET DAS EISEN* entstanden sein, und zwar in der unglaublich kurzen Zeit von weniger als sechs Wochen. Schräg über den
Schreibraum ihres Notizkalenders hat Margarete Steffin jeweils eingetragen: 27.–29. September 1939: **brecht hat mutter courage angefangen.**
29. Oktober – 3. November 1939: **mutter courage fertig.** Dagegen steht
BRECHTS Rückerinnerung von 1953, er habe *MUTTER COURAGE* vor
dem Zweiten Weltkrieg **unter dem fünischen Strohdach,** also noch im
dänischen Skovbostrand, nicht auf der schwedischen Insel Lidingö, geschrieben.[166] Auch sind Vorstudien und Entwürfe schon für 1938 belegt.
Die Notizen von Margarete Steffin beziehen sich demnach offenbar nur
auf die endgültige Niederschrift.

Im Bühnenmanuskript für die Züricher Uraufführung erschien die
Figur der Courage, wie oben gezeigt, in einem milderen Licht als in der
Fassung 1949. Dass das Züricher Publikum das Stück nicht als politisches Aufklärungstheater verstanden hatte, führte BRECHT einerseits auf
den Inszenierungsstil von Leopold Lindtberg, andererseits auf eigene
Fehler bei der Modellierung der Situationen zurück.

6.2.2 Die Reaktion des Züricher Publikums von 1941

In einer frühen Arbeitsskizze hat BRECHT selbst seine Courage als **die finnische Niobe** bezeichnet.[167] Der bürgerlichen Presse warf er aber später vor, sie habe seine Marketenderin als Niobefigur fehlinterpretiert (s. A. J. 25. 12. 1948). Dabei taucht diese Benennung in den zeitgenössischen Pressebesprechungen der Uraufführung von 1941 gar nicht auf. Von der Courage als einem **warmblütigen Muttertier** ist vielmehr die Rede und von der **Nährmutter** (in: *Die Tat,* Zürich, 22. 4. 1941). Daran nahm BRECHT Anstoß. Ihm erschien eine biologistische Determination genauso unannehmbar wie das Walten der olympischen Götter. Das Gesetz der Tragödie sah er in seinem Theater des *wissenschaftlichen Zeitalters* endgültig außer Kraft gesetzt, und zwar dank der Erkenntnisse von Karl Marx. Die lernunfähige Händlerin sollte kritisiert, nicht heroisiert werden.

Eine heroisierende, ja sentimentalisierende Tendenz ist allerdings den Schweizer Presserezensionen von 1941 gemeinsam. **Wie der Prototyp der Urmutter umfängt die Mutter Courage alles, was in ihre Nähe kommt, mit mütterlicher Fürsorge,** schreibt Elisabeth Thommen in der *Baseler Nationalzeitung*. **Für die Zeichnung dieser starken Frauenfigur dürfen alle Frauen Brecht dankbar sein!**[168] Und B. Diebold in der Züricher *Tat* sah die Gestalt der Courage

> mit ihrem großen Mutterherzen jenseits aller historischen Ansprüche schlechthin im Ewigen. Mochte sie noch so respektswidrige Dinge gegen das *Höhere* maulen und ihre Geschäftstüchtigkeit spielen lassen – sie wurde doch nie zur *Hyäne des Schlachtfelds;* und die von den rauhen Umständen geforderte Rauheit der Marketenderin trat fast zu stark zurück hinter der Strahlung ihres Gefühls und ihres ergreifenden Herzens, wenn sie die Kinder, eines nach dem andern, verlieren muß.[169]

(Dass hier die Courage in der später von BRECHT nächst Helene Weigel als Idealbesetzung gesehenen Darstellung von Therese Giehse gemeint war, muss BRECHT besonders geschmerzt haben.)

Dieses Stehen **schlechthin im Ewigen** widersprach den Absichten des Autors diametral. Seine dialektischen Parabelspiele handelten ja gerade nicht von der ›Ewigkeit‹, sondern von der Widersprüchlichkeit und Wandelbarkeit aller Dinge nach dem Motto seines *SCHWEJK*-Stückes: **Das Große bleibt groß nicht / Und klein nicht das Kleine.** Das unwandelbare Menschenherz war für ihn so wenig denkbar wie die Unveränderlichkeit gesellschaftlicher Ordnungen.

Ebenso anstößig war ihm das andere Missverständnis von der Unbewusstheit und Triebhaftigkeit im Mutterinstinkt der Courage. **Man ist** unfrei wie ein armes Tier, schrieb Diebold, a.a.O.), und so ist auch die elementare Güte und Natürlichkeit Courages als Mutter ihrer Kinder nicht als Moral, sondern aus jenem Trieb zu werten, aus dem sie ihre Brut empfangen hat aus aller Welt.

BRECHT klagte: [...] wie tief die mißverständlichkeit meiner stücke in ihnen steckt. in der tat wurde der GALILEI als eine ehrenrettung des opportunismus aufgefaßt; das SEZUANSTÜCK als religiöse Verurteilung der zweiseelenkonstruktion; die COURAGE als lobried auf die unerschöpfliche vitalität des muttertiers (A. J., 7. 1. 1948). Er nahm sich vor seine eigene COURAGE-Inszenierung von diesem Missverständnis frei zu halten.

6.3 Marxistische Rezeption
6.3.1 Der Realismus-Streit von 1938

Im Sommer 1938, zur Zeit der Arbeit an MUTTER COURAGE also, erreichte BRECHT der Aufsatz ES GEHT UM DEN REALISMUS von GEORG LUKÁCS, erschienen in der deutschen Exilzeitschrift *Das Wort* in Moskau. (BRECHT war Mitherausgeber.)

Unter den exilierten marxistischen Schriftstellern bahnte sich damit eine Debatte an, die bis in die *Formalismus*-Diskussion der fünfziger Jahre andauern sollte. Außer LUKÁCS und BRECHT beteiligten sich daran besonders engagiert ANNA SEGHERS und ERNST BLOCH.

Das erste Signal war schon vier Jahre früher mit LUKÁCS' Aufsatz GRÖSSE UND VERFALL DES EXPRESSIONISMUS[170] gegeben worden. Damit begann eine Kampagne zur Ächtung avantgardistischer literarischer Ausdrucksformen in der Sowjetunion und in der ganzen internationalen kommunistischen Bewegung.

Dass BRECHT trotz seiner Abneigung gegen den Expressionismus nicht vorbehaltlos in dessen Verdammung einstimmte, ehrt ihn. Ihm widerstrebte der ideologische Dogmatismus, den er in der Essayistik GEORG LUKÁCS' in jenen Jahren ausgedrückt fand. **Da ist etwas Langbärtiges, Unmenschliches am Werk. Da wird eine Ordnung geschaffen nicht durch Produktion, sondern durch Eliminierung.**[171] Dass etwas, **was gelebt hatte**, einfach falsch sein sollte, erinnerte ihn an den Witz von dem Aviatiker, der behauptete, **Tauben zum Beispiel fliegen falsch.**[172]

LUKÁCS wollte die Engels-Lenin'sche Widerspiegelungstheorie, nach der sich die Wirklichkeit in ihrer Totalität im Kunstwerk abzubilden hat, mit literarischen ›Produktionsvorschriften‹ durchsetzen. Wenn die Literatur tatsächlich eine besondere Form der Spiegelung der objektiven Wirklichkeit ist, so kommt es für sie sehr darauf an, diese Wirklichkeit so zu erfassen, wie sie tatsächlich beschaffen ist, und sich nicht darauf zu beschränken, das wiederzugeben, was unmittelbar erscheint.[173] Konkret hieß das: Der innere Monolog bei JAMES JOYCE, die Montagetechnik von JOHN DOS PASSOS und die visionäre Fantastik von FRANZ KAFKA sind literarische Techniken, **die der Mann aus dem Volke niemals in die Sprache seiner eigenen Lebenserfahrungen *zurückübertragen*** kann (ebd.).

BRECHT aber schätzte den *ULYSSES* von JOYCE als großen satirischen Roman und den *PROZESS* von KAFKA als Darstellung der modernen **Verwirrung** (A. J., 3. 11. 47). Besonders ärgerte ihn aber die *Festschreibung* und Sanktionierung literarischer Formen des 19. Jahrhunderts durch LUKÁCS, z. B. die Erhebung von BALZAC und TOLSTOI zu sakrosankten literarischen Mustern. Er verwahrte sich dagegen, dass der Realismus auf diese Weise rein formalistisch definiert wurde und dass Techniken wie Montage, innerer Monolog oder Verfremdung dogmatisch verdammt wurden.

Gegenüber dem Drama nahm LUKÁCS selbstverständlich die gleiche antimodernistische Position ein wie gegenüber der Erzählung, d. h. zu einer *realistischen* und volksnahen Dramatik gehörten für ihn personalisierte Konflikte, Peripetie und kathartische Wirkung. Das traf die *antiaristotelische* epische Dramatik BRECHTs in ihrem Kern, bemühte er sich doch gerade darum, die *historische Totalität* des Dreißigjährigen Krieges nicht in traditionellen dramatischen Formen, sondern in einer kunstvollen Montage von Szenen und Gegenszenen sichtbar zu machen.

Es fällt uns heute schwer, den Sinn solcher Debatten zu begreifen und in ihnen mehr zu sehen als ästhetische und ideologische Spiegelfechtereien. Man muss dabei ja bedenken, dass dieser ganze in zahlreichen Zeitschriftenfehden und literarischen Briefwechseln ausgetragene Streit sich zwischen Menschen abspielte, die im Vorfeld eines neuen Weltkrieges, bedrängt von politischer Verfolgung und materiellen Existenzproblemen, eigentlich andere Sorgen haben mussten. Es ging um mehr als um den *Realismus,* es war ein kulturpolitischer Machtkampf, der sich hier austobte. Stalins Begriffe von volkstümlicher Kunst, der Literatur als Sprachrohr der Partei und vom Schriftsteller als **Ingenieur der Seele**[174] sollten ideologisch verbindlich gemacht werden. Es war die Zeit, in der die avantgardistische russische Revolutionskunst liquidiert wurde und viele international renommierte sowjetische Künstler im GULAG verschwanden. So erging es z. B. dem Theatermann Wsewolod Meyerhold, dessen Moskauer Inszenierungen dem BRECHT'SCHEN Verfremdungsstil verwandt waren. BRECHT aber konnte unangefochten in seinem skandinavischen Exil seine episch-theatralischen Formexperimente vollenden, zwar ohne Publikum, aber in voller künstlerischer Freiheit. Er erlaubte sich auch der Parteilinie in vorsichtiger Form zu widersprechen: Es ist nicht im Interesse des Volkes, seinen Gewohnheiten (hier Lesegewohnheiten) diktatorische Macht zuzusprechen. Das Volk versteht kühne Ausdrucksweise, billigt neue Standpunkte, überwindet formale Schwierigkeiten, wenn seine Interessen sprechen.[175] Es sollten mehr als zehn Jahre vergehen, ehe BRECHT Gelegenheit erhielt diesen Satz unter Beweis zu stellen.

6.3.2 Die inszenierte ›Kritikerschlacht‹ – Berliner Rezensionen von 1949

Am 9. Januar 1949 bekam BRECHT sein Volkspublikum. Zwei Tage vor der offiziellen Premiere gab es eine geschlossene Vorstellung der MUTTER COURAGE für Stahlwerksarbeiter und Jungfunktionäre der SED. Anschließend fand in einer SED-Parteischule eine Diskussion mit den Zuschauern statt. BRECHT fühlte sich verstanden.

> die arbeiter aus den hennigsdorfer stahlwerken zeigten sich als wunderbare zuschauer. [...] besonders hoben sie die trommelszene hervor, und einer lobte, ›daß gerade der hilfloseste mensch am ehesten bereit war zu helfen, dieselbe person, die wenige szenen zuvor vom eigenen bruder als *du armes tier* tituliert werde‹. welch ein zuschauer! er muß in der dritten Szene diesen Satz vermerkt (und ärgerlich!) haben – in der elften fand er die antwort![176]

Die Reaktion des Arbeiters bestätigte dem Autor, dass ein nichtbürgerliches Publikum die Montagetechnik seines epischen Theaters nicht nur verstehen, sondern auch interpretieren konnte. Seine *Volkstümlichkeit* sah er unter Beweis gestellt.

Die partei-offizielle Ostberliner Theaterkritik war da anderer Meinung. Es gab eine Kontroverse zwischen Rezensenten in den Organen *Neues Deutschland, Tägliche Rundschau* und *Die Neue Weltbühne.* Werner Mittenzwei nannte sie später **die Kritikerschlacht um die MUTTER COURAGE.**[177] Seine Formulierung will offenbar den Eindruck erwecken, es habe sich um eine spontan entbrannte Polemik über eine umstrittene Theateraufführung gehandelt; in Wirklichkeit war es aber eine von der SED gelenkte, geschickt aus dem Hintergrund inszenierte Scheindiskussion. Es ging um die Parteilinie in der Kulturpolitik, die sich an den Regulativen des sowjetischen Kulturfunktionärs Andrej Shdanow orientierte, eines mächtigen Mitglieds des Politbüros der KPdSU und eines Vertrauten Stalins. Dabei wurde klar, **daß die unmittelbar von den Direktiven der sowjetischen Militäradministration abhängige SED auf Seiten der Brecht-Gegner stand.**[178]

Hauptkontrahenten waren Fritz Erpenbeck, ein Mitarbeiter von Georg Lukács in der Moskauer Emigration, und der Jungkommunist Wolfgang Harich, der acht Jahre später als Dissident gegen das Ulbricht-

Regime ins Gefängnis gehen musste. Den Schiedsspruch fällte dann S. Altermann, vermutlich das Pseudonym einer sowjetischen Kulturfunktionärin, die in der *Täglichen Rundschau* schrieb, einem Organ der SMA. Paul Rilla äußerte sich in der *Berliner Zeitung* zunächst positiv über das Stück, schwenkte aber später auf die Linie Erpenbecks ein, allerdings moderat.

Erpenbecks Kritik in der *Weltbühne* (18. 1. 1949) lobte BRECHT zunächst als großen Dichter, **dessen Werk auf hohem ästhetischem und weltanschaulichem Niveau steht.** Den überwältigenden Publikumserfolg der Aufführung, und zwar beim östlichen und westlichen Publikum, konnte Erpenbeck nicht gut übergehen. Er relativierte ihn, indem er ihn BRECHTS dichterischer Genialität zuschrieb, die auch eine ›falsche‹ Dichtung zum Erfolg führen könne. **Wenn der geniale Brecht einen falschen Weg geht, bleibt immer noch jeder Schritt als Ausdruck eines wirklichen Dichters höchst interessant.** (Man fühlt sich an BRECHTS Witz von der *falsch fliegenden Taube* erinnert.)

Dann aber kommt schärferes Geschütz. Erpenbecks Kritik an BRECHTS epischer Theaterpraxis gipfelt in dem Vorwurf einer *volksfeindlichen Dekadenz.* Er fordert schulmeisternd von BRECHT die Bekehrung zur *Volkstümlichkeit* im Sinne des sozialistischen Realismus. **Es geht um die Frage, ob unser dichterisch stärkster deutscher Dramatiker, ob Bertolt Brecht es sich weiterhin selbst verwehren will, auch der dramatisch stärkste Dichter, das heißt der volkstümlichste deutsche Dramatiker zu werden.**[179] BRECHT verwies mit Genugtuung auf seine bereits errungene Volkstümlichkeit: **aus schriftlichen äußerungen wolfs und erpenbecks, die der *linie* folgen wollen, ergeht, daß die wendung gegen die einfühlung durch ihren erfolg gerade beim arbeiterpublikum einige panik verursacht hat.**[180]

Die Auseinandersetzung mit BRECHT war allerdings für die SED prekär. Der renommierte Autor war schließlich ein Prestigegewinn für ihr System. Seine Theaterexperimente wurden denn auch trotz aller Vorbehalte nicht nur toleriert, sondern von Staats wegen gefördert. Bald bekam BRECHT sogar sein eigenes Theater für sein *Berliner Ensemble,* das mit MUTTER COURAGE noch an Langhoffs Deutschem Theater gastieren musste. HANNS EISLERS Oper *JOHANN FAUSTUS* allerdings durfte nach einer vernichtenden ›Diskussion‹ mit Kulturfunktionären nicht einmal publiziert, geschweige denn aufgeführt werden, weil sie angeblich westlich dekadenten Kunstmustern folgte. (EISLER schrieb, ihm sei nach dieser Attacke **jeder Impuls, noch Musik zu schreiben, abhanden gekommen**[181].)

Wahrscheinlich aus opportunen Propagandagründen erlaubte man

Wolfgang Harich, Erpenbeck in der *Neuen Weltbühne* zu widersprechen. Als Vertreter der jungen Generation, die ohne Erfahrung der zwanziger Jahre unbefangen urteilen konnte, sah er in BRECHT die Offenbarung einer neuen Theaterkunst und wies Erpenbecks Vorwurf der *volksfremden Dekadenz* temperamentvoll polemisch zurück. Die sowjetische Militärregierung, vertreten durch S. Altermann in der *Täglichen Rundschau* (12. 3. 1949), disziplinierte ihn: Eine Kritik, die aus Geschrei und maßlosen Lobeshymnen besteht – wie es in Harichs Artikel leider der Fall ist –, ist hier kein wirksames Mittel. Die Postulate des *sozialistischen Realismus* wurden in der *T. R.* noch entschiedener formuliert als bei Erpenbeck: Es fehlt in dem Stück die Idee der revolutionären kritischen Umgestaltung der Welt [...] Es handelt sich darum, daß die wahrhaft demokratische Kunst unserer Zeit unbedingt eine Kunst des revolutionären Realismus sein muß. Altermann vermisste bei BRECHT den Aufruf zu Massenaktionen und sah in der MUTTER COURAGE nur die große Kapitulation des Volkes dargestellt, welches sich kampflos dem angeblich unerbittlichen historischen Schicksal unterworfen hat.[182]

Ein Kuriosum war die Besprechung des Stücks im *Neuen Deutschland*. Ausgerechnet das Zentralorgan der SED wiederholte das BRECHT so anstößige Missverständnis vom *Passionscharakter* der Courage: Mutter Courage ist eine humanistische Heilige aus dem Stamm der Niobe und der Schmerzensmutter.[183] Selbst im eigenen Lager fand BRECHT kaum jemand, der seinen Selbstinterpretationen zu folgen fähig war.

6.3.3 Der ›Formalismus‹-Streit

1951 setzte das SED-Regime zu einer kulturpolitischen ›Säuberung‹ an. Die Shdanow'schen Regulative zur Durchsetzung des *Sozialistischen Realismus* als Pflicht-Kunststil wurden nun auch für die sozialistischen Bruderländer strikt verbindlich. Die Verweise gegen große sowjetische Künstler wegen *westlerischer Tendenzen* machten Schule. Die neue revolutionäre Kunst, die kanonisiert wurde, war dabei in plattester Weise konventionell. Unter dem Schlagwort *Erbepflege* restituierte man Kunsttraditionen des 19. Jahrhunderts und diskriminierte jede Modernität als *Formalismus*. Dies war besonders schmerzlich für viele deutsche Künstler der Moderne, die sich schon früh zum Sozialismus bekannt hatten, z. B. die Bauhaus-Bewegung. Plötzlich galten die als reaktionär, die eben noch von den Nazis als *Entartete* und *Kulturbolschewisten* verfemt worden waren. Selbst Ernst Barlach war jetzt wieder *volksfremd*.

Den Malern wurden einerseits idyllisierende Genrebilder aus dem *sozialistischen Alltag*, andererseits monumentale Panoramen des sozialistischen Aufbaus im naturalistischen Malstil als Vorbilder verordnet, den Architekten die Moskauer ›Zuckerbäckerbauten‹ im Stil der Lomonossow-Universität. Und als Theaterdichter wurde zu BRECHTS Entsetzen der *ungarische Anzengruber* Julius Hay mit seinen platten Tendenzstücken im bäuerlichen Milieu gefeiert. BRECHT spürte **den stinkenden Atem der Provinz.**[184]

Als verbindliches Muster für den Inszenierungsstil wurde jetzt Konstantin Stanislawski propagiert, der schon zur Zarenzeit mit seinen naturalistischen TSCHECHOW-Inszenierungen Aufsehen erregt hatte. Sein Schüler Wsewolod Meyerhold, *Picasso der Bühne*, wie er genannt wurde, war mit seinem revolutionären *Proletkult*-Theater endgültig verworfen. (Meyerhold starb im GULAG, nachdem er mutig in öffentlicher Rede den sozialistischen Realismus als ein **erbärmliches und steriles Etwas** bezeichnet hatte, **das mit Kunst nichts zu tun hat**[185].) In Moskau wurden danach die TSCHECHOW-Modelle Stanislawskis jahrzehntelang mit sklavischer Originalitätstreue kopiert.

In Ostberlin fand im April 1953 eine Stanislawski-Konferenz statt unter dem Titel: **Wie können wir uns die Methode Stanislawskis aneignen?** Nicht die Methode Stanislawskis stand demnach zur Diskussion, sondern die Methode zur *Aneignung* der Methode. BRECHT schickte Helene Weigel auf die Konferenz, die in wenigen, sehr allgemein gehaltenen Worten die Unvereinbarkeit von Stanislawski mit BRECHT bestritt. Das war eine offenbare Verschleierung. Stanislawski hat in seiner Schauspiellehre sehr entschieden die *Einfühlung*, d. h. die totale Identifikation des Schauspielers mit seiner Rolle verlangt. In einem Gespräch BRECHTS mit seinen Schauspielern vor der Stanislawski-Konferenz[186] windet sich BRECHT um diesen Widerspruch herum: Angelika Hurwicz: **Aber Sie sind ja gegen Einfühlung, Brecht.** Darauf BRECHT: **Ich? Nein. Ich bin dafür in einer bestimmten Phase der Proben.** Hurwicz' Kollege Danegger war darüber so erstaunt, dass er bat dies aufschreiben zu dürfen und **eventuell zu sagen, wenn die Rede darauf kommt.**

BRECHT hatte ein Gespür dafür, wann eindeutige Bekenntnisse gefährlich wurden. Er kleidete seine Kritik in eine unverfängliche Tarnsprache, wobei er sich seine Belesenheit zunutze machte. In diesem Fall zitiert er Cicero mit seiner Anekdote von dem viel bewunderten Schauspieler Polus. Als Darsteller der Elektra, die ihren Bruder beweint, soll Polus die Asche seines eben verstorbenen Sohnes auf die Bühne gebracht haben um sich echte Tränen zu entlocken. Während Cicero berichtet, dass im ganzen Theater kein Mensch war, **der sich der Tränen hätte enthalten können**, sagt BRECHT: **Das muß doch wahrhaftig als ein barbarischer Vorgang bezeichnet werden.**[187] Dies war im Jahr 1953

BRECHTS geheimer Beitrag zur Stanislawski-Konferenz. Er genoss seine Narrenfreiheit, die man ihm in seinem Theater gewährte, und riet seinen Freunden zur Anpassung. In einem Brief an Hanns Eisler gab er ihm Ratschläge, wie er der Parteikritik an seiner *FAUSTUS*-Oper geschickt begegnen könnte: Lieber Eisler, ich habe eben durch einen Zufall einen Bericht über die Dreitagediskussion der Sowjetmusiker mit Shdanow 1948 in die Hände bekommen und machte mir sofort einige Gedanken über Deine Oper. [...] Große Stücke Musik mit durchgehaltenem einfachem Thema werden gefordert, wie mir scheint.[188] Darauf rät er ihm Volksliedthemen zu bearbeiten. Ob die Forderung Shdanows künstlerisch zu rechtfertigen ist, wird schon nicht mehr gefragt.

7   Filmprojekt und Verfilmung

BRECHT war auch ein äußerst produktiver Filmautor. Die beiden Ergänzungsbände zur Suhrkamp-Werkausgabe TEXTE FÜR FILME I–II (als TB bei der edition suhrkamp, 1969) enthalten fünf Drehbücher, sechsundzwanzig Exposees und zahlreiche Entwürfe und Skizzen. Dabei handelt es sich aber nur um eine Auswahl.

Schon 1922 schrieb BRECHT gemeinsam mit Arnolt Bronnen für ein Preisausschreiben eine Stummfilmskizze mit dem Titel ROBINSONADE AUF ASSUNCION. In einer völlig entstellten Form und unter dem Schnulzentitel INSEL DER TRÄNEN wurde die Fabel sogar verfilmt, wie Bronnen berichtet.

Im Vergleich mit dem Theater sah BRECHT schon früh den Film als das bedeutendere und chancenreichere Medium. Er konstatierte **die geschlossene Abwanderung der besseren Elemente zum Kino und der besten zum Boxkampf** (1926).[189]

Ausgeführt wurden nur ganz wenige der vielen Filmentwürfe BRECHTS. Gegen manche Verfilmungen hatte er Einwendungen. Er führte bekanntlich einen langen, letzten Endes vergeblichen Prozess gegen eine Filmgesellschaft, um die Aufführung des DREIGROSCHENOPER-Films mit Carola Neher und Rudolf Forster zu verbieten (1931, Regie: G. W. Pabst). Drehbuch und Inszenierung waren nicht nach seinem Geschmack. Auch gegen die Realisierung seines Hollywood-Films HANGMEN ALSO DIE, der das Prager Attentat gegen Heydrich zum Thema hatte (1942, Regie: Fritz Lang), erhob er Einspruch, weil man sein Drehbuch geändert hatte. Der einzige Film, der konsequent nach seinen Vorstellungen gedreht wurde, war KUHLE WAMPE ODER WEM GEHÖRT DIE WELT (1932, Regie: Slatan Dudow und BRECHT), der im Berliner Arbeitslosenmilieu in der Wirtschaftskrise der frühen dreißiger Jahre spielt. Er klingt in den bekannten Solidaritäts-Song aus: »Vorwärts, und nicht vergessen die Solidarität!«

In Zusammenarbeit mit Emil Burri, dem Freund und Mitarbeiter aus früherer Zeit, und mit dem Filmregisseur Wolfgang Staudte entstand von 1951 bis 1955 in vier immer wieder geänderten Fassungen ein Drehbuch zur MUTTER COURAGE. Die im Sommer 1955 aufgenommenen Dreharbeiten wurden wieder eingestellt, da BRECHT sich mit der DEFA über die Realisierung des Films nicht einig wurde. (Die spätere Verfilmung von Wekwerth hat nichts mit dem Skript von 1955 gemeinsam.)

Der Entwurf ist interessant und enthält die inhaltliche Erweiterung und weitgehende Umarbeitung des Theaterstücks, teils im Hinblick auf filmische, teils aber auch auf politische Wirkungen. Diesen Wirkungsabsichten hat BRECHT offenbar dabei seine epischen Stilprinzipien zum Opfer gebracht.

7.1 Das Drehbuch von 1955

Der Handlungsablauf des Films ist in 101 Bilder mit 384 Kameraeinstellungen gegliedert. Einige blinde Motive und Handlungslücken lassen darauf schließen, dass auch dieser letzte Entwurf noch vorläufig war. In einem Nachtragsteil finden sich zusätzliche Motive und Handlungsdetails.

Der Film zeigt Schlachtenpanoramen in der Totale (z. B. Bild 39), stimmungsvolle Landschaftsbilder, bäuerliches Volksleben im Breughel-Stil (z. B. Bild 80) und düstere Szenerien wie den Galgenbaum in Bild 54, zu denen Caspar Neher Entwürfe nach dem Muster von Jaques Callots *Schrecken des Krieges* gezeichnet hat. Von der bewussten Kargheit der Courage-Bühne findet sich keine Spur mehr. Mitunter sind sogar schwelgerisch prunkvolle Ausstattungen vorgegeben, z. B. von einem Offizierszelt und einem Schloss. Es gibt kaum noch Verfremdungseffekte, auch nicht im Dialog. Damit fallen auch viele Wortwitze weg. Wo z. B. die Courage auf die frömmelnde Bemerkung des Feldgeistlichen: **Wir sind jetzt eben in Gottes Hand** entgegnet hatte: **Ich glaub nicht, daß wir schon so verloren sind** (40), heißt es im Film einfach: **Redens nicht, die Katholischen sind auch Menschen** (Bild 29). Das Kapitulationslied der Courage, das den Ostberliner Kritikern besonders anstößig erschienen war, ist gestrichen, andere Songs, wie das Lied vom Fraternisieren, haben ihren gestischen Charakter verloren. Dagegen gibt es so viel Landschaft wie selten bei BRECHT: **Felsiges Gelände** (Bild 97); **Eine weite Schneelandschaft** (Bild 40); **Unter der Linde** (Bild 53); **Am Waldrand** (Bild 77). Oft erscheint dazu die Angabe **Abend, Nebel, Dämmerung, Nacht**. Die Bildfolge hat manchmal geradezu deutschtümelnd romantische Züge.

Anderes ist härter umrissen. Der Antipathie-Effekt gegen die Courage ist bis zur Überdeutlichkeit verstärkt. **Der Film muß noch eindrücklicher als das Stück zeigen, wie die Wirklichkeit die Unbelehrbare bestraft**, heißt es in den *NACHTRÄGEN ZUM DREHBUCH*.[190] Beim Handel um das Leben des Schweizerkas klaubt die Courage mit gierigen Fingern aus dem Geldbeutel mit der Bestechungssumme hundert Gulden wieder heraus: **Sag dem Profos, mehr hatt ich nicht**.[191] Ebenso überdeutlich ist die Reaktion ihrer Umgebung: **Alle blicken fassungslos und mit** stummem Vorwurf auf die Courage.[192] An einer anderen Stelle stürzt sie sich mit einem Messer auf hungrige Kinder, die in ihrem Wagen nach Brot suchen: **Nix geb ich! Nix! Nix! Nix!**[193] (Bild 69; vgl. damit die Theaterfassung, S. 62). Am Schluss, als die Courage unbeirrt wieder zu ihrem Handel aufbricht, schütteln die Bauern fassungslos den Kopf: **Die lernt nix.**[194] Die Tendenz soll sich durch Vergröberungen verstärken. Auch die abstoßenden Züge der Yvette, die jetzt durch eine Scheinheirat mit einem Grafen ins Unglück gestürzt wird und in Trunksucht verkommt, sind kräftig nachgezeichnet.

Dagegen hebt sich eine Figur strahlend ab, die für den Film hinzuerfunden ist: ein junger Müller, der alle Züge eines *positiven Helden* im Sinne des sozialistischen Realismus zeigt. Die stumme Kattrin erhält in ihm einen Liebhaber. Er hat eine von ihrem adligen Eigentümer im Stich gelassene, halb zerstörte Windmühle wieder instand gesetzt und betreibt sie im Dienst der Bauern. Kattrin packt beim Schleppen der schweren Balken für das Mahlwerk mit an. Sozialistisches Aufbaupathos klingt an: **Alsdann – Packen wirs wieder – Hö-ruck!**[195] In der nächtlichen Mühle macht der Müller dann Kattrin zu seiner Geliebten.

Der Müller von Ingolfing vertritt jetzt die revolutionären Tendenzen der Fabel. Er vermittelt sie an seine Geliebte. Die Handlung wird politisch aktualisiert, und zwar im Sinne der Friedenskampf-Parolen der frühen DDR. Eindringlich belehrt der Müller die gläubig lauschende Stumme über den verlorenen Bauern-Krieg und folgert: **Bevor wir nicht aufs Mühldach steigen und alle zusammenrufen, gibts keinen Frieden in Deutschland.**[196] Damit hat er ihr die Idee für ihre spätere Rettungstat in der Trommelszene eingegeben. Es fehlen auch nicht die Schlagworte für die nationale Einheit und Souveränität aller Deutschen. **Aus einer Erzählung des Müllers von Ingolfing erfahren wir, woher die Ohnmacht der Deutschen kommt: von ihrer Uneinigkeit.**[197]

BRECHT wollte hier, deutlicher als im Stück, eine **Parallele zur Jetztzeit** ziehen.[198] Die DDR hoffte damals noch, mit einer breiten Volksbewegung für die nationale Wiedervereinigung die Westintegration der Bundesrepublik zu hintertreiben. Im Film sollen Schlagbäume über den Landstraßen als Hinweise auf die Teilung Deutschlands in Besatzungszonen verstanden werden, das immer wiederkehrende Motiv der Rekrutenwerbung ist als Warnung vor der Remilitarisierung zu verstehen. In dieser allzu unmittelbaren politischen Aktualisierung könnte paradoxerweise ein Grund dafür liegen, dass die DEFA den Film nicht zu Ende gedreht hat. Nach dem Umschwenken der DDR auf das Prinzip der Eigenstaatlichkeit waren die Einheitsparolen überholt.

Der Film sollte in einem Fanal ausklingen: Die Bauern von Friedberg(!), durch das Trommelsignal der Kattrin mobilisiert, erheben sich gegen ihre Belagerer und schlagen sie in die Flucht. Ein Schmied in nächtlicher Werkstatt gibt mit kraftvollen Hammerschlägen auf einen Eisenstab das Signal, die Glocken läuten Sturm, in breiter Front kommen die siegreichen Bauern auf die Kamera zu. Von der Kamera her laufen ihnen ihre Frauen entgegen. Sie reihen sich, stolz auf die Tapferkeit ihrer Männer, glücklich lachend in die Front ein. Die Bauern nehmen ihre Frauen und Kinder in die Arme, und der ganze Zug strömt der Kamera entgegen. – Die Musik steigert sich zu einem triumphalen Höhepunkt.[199] Wie es scheint, hat BRECHT sich am Ende doch noch vom *sozialistischen Realismus* vereinnahmen lassen.

7.2 Die Verfilmung von 1960

Der COURAGE-Film, der dann schließlich gedreht wurde, vier Jahre nach BRECHTS Tod, ist nach eigenem Bekunden seiner Autoren Manfred Wekwerth und Peter Palitzsch eine Dokumentarverfilmung der Theaterinszenierung des *Berliner Ensembles*. Eine Übersetzung in die spezifischen Ausdrucksformen des anderen Mediums wurde dabei nur sehr vorsichtig versucht.

Diese Form der Produktion war noch von BRECHT selbst mit der DEFA vereinbart worden. Nach dem Scheitern des groß angelegten COURAGE-Films war das sozusagen ein Minimalkonsens, gleichzeitig der Endpunkt einer ständigen Reduktion der DEFA-Pläne. Anfangs, 1951, hatte man an eine internationale Starbesetzung gedacht, mit Anna Magnani und unter den Regisseuren Luchino Visconti und Giuseppe de Santis. Der bewährte UFA- und DEFA-Autor Robert A. Stemmle hatte ein Drehbuch geschrieben, das BRECHT ablehnte. Bei Beginn der Dreharbeiten nach seinem eigenen Drehbuch 1955 war von den Stars nur Simone Signoret übrig geblieben; im Übrigen hatte BRECHT seine Besetzung aus dem *Berliner Ensemble* durchgesetzt. Mit dem Regisseur Wolfgang Staudte zerstritt er sich dann über regiemäßige Details. Auch konnte er sich mit den grellen Wirkungen des modernen Farbfilms nicht abfinden. Ihm schwebten Bilder im Stil alter Daguerreotypien vor. (In dieser Hinsicht hätte sein Film sicher interessant werden können.) Eine verfilmte Theateraufführung indessen barg für die Filmfunktionäre kein Risiko. Die Inszenierungen von 1949 und 1951 waren von BRECHT und Engel so genau durchmodelliert, dass es keine Überraschungen geben konnte.

Die Ausführung des Projekts lag nicht mehr in BRECHTS Händen. Seine ›Erben‹ Wekwerth und Palitzsch schrieben 1960 das Drehbuch und führten Regie. Die Uraufführung erfolgte am 10. 2. 1961.

Der Film gilt als ästhetischer Zwitter. Obwohl im Atelier gedreht wurde, spielte man auf eine imaginäre Rampe hin, nicht auf die Kamera. Die Drehscheibe, über die der Planwagen rollt, ist deutlich erkennbar, wie im Theater. Die Schnitte markieren hart die szenischen Zäsuren.

Mitunter aber springt die Darstellung weg von der Totaleinstellung auf die *Rampe* zu Großaufnahmen und Szenen im freien Raum. Die Kamera richtet sich mehrmals ausschnitthaft auf die energische Geste, mit der die Courage ihre Geldtasche zuklappt. Wolfgang Gersch weist besonders auf den Kontrast der Schlussszene zum durchgängigen Dokumentationsstil des Films hin: Der Courage-Wagen verliert sich **höchst eindrucksvoll in die Weite einer Schneelandschaft**.[200] Das aber ist ein Vermächtnis BRECHTS aus dem Drehbuch von 1955, in dem BRECHT am Ende den Planwagen durch eine graue Ebene *ins Leere* ziehen lässt, ein Symbol der Sinnlosigkeit dieser Fahrt.

Wekwerth/Palitzsch rechtfertigen ihren bühnenhaften Inszenierungsstil im Wesentlichen mit BRECHTS Anweisungen im COURAGE-Modell. Der BRECHT-Stil musste gewahrt bleiben. Das Motiv des ewig rollenden Wagens, an dem man den Gang der Geschäfte am einmal reinlichen, einmal zerschlissenen Zustand der Plane ablesen kann, wurde symbolisch noch überhöht. **Wo im Theater der Vorhang zugeht, läßt der Film unaufhörlich und unermüdlich und unbelehrbar den Wagen rollen, dessen Anhängsel die Menschen werden, die ihn ziehen.**[201] Die Einblendung von Jacques Callots Kupferstichen aus der Serie *Schrecken des Krieges* in das unaufhörliche Wagenrollen ist eine originale Verfremdungsidee von Wekwerth/Palitzsch.

Sonst aber sind die Abweichungen von der Bühneninszenierung gering, obwohl die Autoren versichern, sie hätten keine **archivarische Konserve** drehen wollen. Vielleicht hätten sie aber etwas beherzter von dem Rat ihres Meisters Gebrauch machen sollen: **Zwischen dem Theaterstück und dem Film soll schon ein Unterschied sein.**[202]

Unterrichtshilfen

1   Phasen der Brecht-Didaktik

Um BRECHT als Schulautor gibt es keinen Streit mehr. Es sollte nur kurz daran erinnert werden, dass es in den 50er-Jahren erhebliche Einwände gegen die BRECHT-Lektüre gab. Sie waren nicht didaktisch, sondern politisch begründet. BRECHT war ein boykottierter Autor, auch in der Schule. Wer ihn trotzdem behandelte, zeigte sich damit vorurteilslos und progressiv. Bei der Begründung war man vorsichtig. Brechts parteiliche Standpunkte wurden relativiert und uminterpretiert ins Allgemein-Humanitäre. Über den Makel des Marxismus sah man großmütig hinweg: **Gewiß, Brecht war Kommunist, aber [...]**[203]

Die zweite Phase der BRECHT-Didaktik war radikaler, geprägt vom Bekenntnis der 68er zum politischen Aktionismus. Von der neuen emanzipatorischen Pädagogik wurde der Dichter als Mentor für gesellschaftsverändernde Theorie und Praxis in Anspruch genommen. Es galt, **den Gestus des Verfremdens als einen Akt revolutionärer Praxis nicht nur zu lehren, sondern zum ›politischen Instinkt‹ werden zu lassen.**[204]

Während man im Westen mit BRECHT den Umsturz propagierte, diente er in den Schulen der DDR der staatsbürgerlichen Stabilisierung. Die Lehrpläne der Erweiterten Oberschule verfuhren dabei allerdings sehr selektiv. Geschätzt waren vor allem seine Jugendlieder mit ihrem fröhlichen Aufbaupathos und die langen Lehrgedichte zum Preis der Sowjetunion. **Freudig stimmte Brecht das Lied vom Glück an.**[205] An Dramen wurde das unepische *DIE GEWEHRE DER FRAU CARRAR* gelesen, nicht aber *MUTTER COURAGE UND IHRE KINDER*. Das Stück galt immer noch als umstritten.

Heute hat sich das Verhältnis der Literaturdidaktik zu BRECHT entkrampft. Er ist ein Schulautor unter vielen, aber er dominiert nicht mehr den Lektürekanon wie in den 70er-Jahren. Seine literarische Interessantheit wird immer noch geschätzt, nicht mehr so sehr seine politische. Was spricht angesichts dessen für die Behandlung seines Anti-Krieg-Stückes, dessen unmittelbar politische Aktualität verblasst ist? Wenn man damit das Problem Krieg und Frieden ganz allgemein thematisieren will, muss man feststellen, dass die heutigen Nationalitätenkonflikte kaum mit den Kategorien der Lenin'schen Imperialismus-Theorie gedeutet werden können, von denen BRECHT sich leiten ließ.

Detlev Schöttker wies auf den neueren Trend einer postmodernen Uminterpretation BRECHTS hin[206]. Man hat in ihm einen Dichter des **Abgründigen** entdeckt, den **anderen Brecht**. Die Internationale BRECHT-Gesellschaft thematisierte auf einer ihrer Tagungen **das Surreale, das Böse, den Tod, die Textbrüche** im Werk BRECHTS (Frankfurter Rundschau, 30. 11. 1990). Man muss diesem Trend nicht folgen, aber man darf den oft allzu einschichtigen

Selbstkommentierungen BRECHTS, mit denen er seine *MUTTER COURAGE* besonders reichlich versehen hat, mit einer autonomen Interpretation begegnen. Schöttker sieht in der **Analyse der gedanklichen Vielstimmigkeit und Widersprüchlichkeit der Brechtschen Texte** (a.a.O., S. 6) eine wichtige Aufgabe.

BRECHT zeigte sich einmal selbst irritiert über die **Mißverständlichkeit** seiner Stücke (AJ 7. 1. 1948). *MUTTER COURAGE* wurde von seinen Zeitgenossen einerseits als Ausdruck einer schicksalhaften Determination gesehen, andererseits als Aufruf zur revolutionären Veränderung. Das Stück entzieht sich der Festlegung. Es kann in veränderten Situationen unterschiedlich interpretiert werden. Man kann im ewigen Aufbrechen und Weiterfahren der Courage mit BRECHT eine Parabel für kleinbürgerliche Unbelehrbarkeit finden, aber auch ein Paradigma für die Ausgesetztheit des Menschen in Verhältnissen, in denen **alles Untergang bringt.** (s. Mat. 7b)

Gerade die gedankliche Mehrdeutigkeit des Stückes, die seine Dichter beunruhigt hat, bietet die Gewähr seines Überdauerns.

2   Unterrichtsmethodische Möglichkeiten

Methodenwechsel kann den Schülern die Vielfalt der Interpretationsmöglichkeiten bewusst machen.

a. Mit einer streng werkimmanenten Interpretation lässt sich die epischdramatische Gestaltungsabsicht BRECHTS verdeutlichen. Seine Montageverfahren sind dabei nicht nur zu analysieren, sondern auch nach ihrer Intention zu befragen. Die Frage, warum das spontane Verständnis des Lesers und Zuschauers oft den dramaturgischen Theorien BRECHTS widerspricht, kann dabei diskutiert werden.

b. Die werktranszendierende Interpretation führt zu verschiedenen Fragestellungen:
– Die Problematik politisch engagierter Literatur (*littérature pure/littérature engagée; l'art pour l'art;* Tendenzdichtung).
– Die Rolle der Dichtung im Feld der politischen Auseinandersetzung.
– Die Diskrepanz zwischen politischer Intention und politischer Wirkung.
– Sozialer und sozialistischer Realismus.

c. Die Betrachtung der chronikalen Form und der szenischen Reihung gibt Gelegenheit zur Klärung des Begriffs episches Theater. Es geht darum, die Struktur der gesamten Szenenfolge erkennbar zu machen. Das Prinzip der BRECHT'SCHEN Montagetechnik wird deutlich, wenn motivische Wiederholungen, Parallelisierungen und Kontrastierungen von Szene zu Szene, aber auch innerhalb einer Einzelszene gezeigt werden.

d. Im fachübergreifenden Projektunterricht empfiehlt sich die zeitgleiche Behandlung mit der Geschichte der Weimarer Republik, der NS-Zeit und der DDR in Absprache mit den Geschichts- und Gkd.-Lehrern.

e. Aktualisierung des Themas **Krieg und Frieden**. Diskussion der Frage: Ist *M. C.* ein pazifistisches Stück?

3 Unterrichtsreihen

1. Motivgeschichtlicher Vergleich

Grimmelshausens LEBENSBESCHREIBUNG DER ERTZBETRÜGERIN UND LANDSTÖRTZERIN COURASCHE als Vorbild und Gegenbild zur Courage-Figur BRECHTS.
- Das barocke Vanitas-Motiv im Kontrast zum dialektisch-materialistischen Weltbild.
- Das Walten der unergründlichen Fortuna und der Heilsplan Gottes bei Grimmelshausen; das alles beherrschende Geschäftsinteresse der Mächtigen bei BRECHT.

2. Literarhistorischer Vergleich
a. Büchners WOYZECK als Vorläufer.
b. Dürrenmatts BESUCH DER ALTEN DAME und Frischs BIEDERMANN UND DIE BRANDSTIFTER als Nachfahren der epischen Dramatik BRECHTS.
- Die fragmentarische Szenenfolge des WOYZECK mit ihrem Verzicht auf Aktgliederung und Handlungskontinuum als Vergleichsmuster zur szenisch-kontrastiven Montagetechnik der MUTTER COURAGE.
- Die Ablösung der eindeutig entschlüsselbaren Sozialparabel BRECHTS durch die sozialkritischen Grotesken Dürrenmatts und Frischs.
- Der sozialutopische Optimismus BRECHTS im Gegensatz zur *Verrätselung* der Welt durch Dürrenmatt.

3. Werkgeschichtlicher Vergleich
a. BRECHTS TROMMELN IN DER NACHT (1922),
b. seine *Lehrstücke* (1929/30) und
c. seine Dramen der Exilzeit.
- Die Entwicklung BRECHTS vom anarchistischen Protest zur sozialrevolutionären Programmatik.

4. Vergleich dreier Geschichtsdramen
a. Friedrich Schiller, WALLENSTEIN-Trilogie
b. Georg Büchner, DANTONS TOD
c. Bertolt Brecht, MUTTER COURAGE UND IHRE KINDER.

4 Unterrichtssequenz

Verwendete Abkürzungen:

A	= alternative Themen- oder Aufgabenstellung		HA	= Hausaufgabe
			KRef	= Kurzreferat
GA	= Gruppenarbeit		LK	= Leistungskurs
GK	= Grundkurs		LV	= Lehrervortrag

Stunden	Thema	Didaktische Aspekte (Inhalte/Ziele)	Methodische Realisierung/ Verlauf
1.	Zeitgeschichtliche Bezüge und politische Intention des Stückes	1. Einführung in Thematik und Idee des Stückes 2. Motivierender Einstieg: Die Wurzeln der politischen Position Brechts aus seiner Wende vom jugendlichen Patriotismus zum Jugendprotest gegen den Krieg sichtbar machen. 3. Die Intention des Stückes als Mittel politischer Aufklärung verständlich machen.	1. LV: Brechts Selbstverständnis als politisch engagierter Schriftsteller – Der Erste Weltkrieg als Schlüsselerlebnis – Vom spontanen Anti-Kriegs-Protest zur theoretisch fundierten Parteinahme – Die politisch aufklärerische Intention von M. C. U. I. K. zur Zeit der Entstehung des Stückes 2. GA: Vergleich von jeweils zwei Brecht-Texten zum Thema Krieg
2.	Die szenische *Chronik* als besondere Form der epischen Dramatik Brechts	1. Formen und Absichten der Verfremdungstechnik erkennbar machen. 2. Unterschiede zur traditionellen Form des Dramas bewusst machen. 3. M. C. in die umfassende Theatertheorie Brechts einordnen lernen. 4. Motivische Entsprechungen und Entgegensetzungen in der Szenenfolge aufspüren.	1. Auswertung der HA. Dabei: Hinweis auf ironische Distanzierungen der Szenentitel von den Inhalten der Szenen – Der Begriff Verfremdung. 2. UG: Was sagt uns der Untertitel des Stückes? a) Lexikal. Definition des Wortes Chronik b) Brechts Verständnis des Wortes als literar. Gattung (s. Mat. Mü. S. 89) 3. LV: Kurzinformation über Brechts Konzept einer **epischen Dramaturgie**; über

PRO = Produktionsorientierte SV = Schülervortrag
Themen- oder Aufgaben- TA = Tafelanschrieb
stellung UG = Unterrichtsgespräch
StA = Stillarbeit

	Hausaufgabe
a. aus: Augsburger Kriegsbrief, 10. Sept. 1914 (Mat. 13) / Der *Horaz-Aufsatz* von 1916 (Mat. 11) b. *Die Toten vom 3. Regiment* (1914. Mat. 8), *Mein Bruder war ein Flieger* (1937. Mat. 12) c. *Soldatengrab* (1914. Mat. 9) / *Grabschrift aus dem Krieg des Hitler* (1940. Mat. 10) 3. UG: Auswertung der GA. Additum LK: 1. KRef: Brechts Situation als politischer Flüchtling in Dänemark/Schweden 1939/40 (nach M. Kesting, Brecht, Ro. Mon. 37; (s. a. H. Engberg, Mutter Courage und Dänemark. Mat. Mü. S. 259–273) 2. UG: Wie ist Brechts Bezeichnung der skandinavischen Länder als **eigentliche Adressaten** der *m. c.* aus der historischen Situation von 1939 zu verstehen? 3. SV: *Die Legende vom toten Soldaten* (1918. Sk VI. S. 256)	Stellen Sie die Jahreszahlen und Inhaltsangaben der Szenentitel 1–11 in einer tabellarischen Übersicht zusammen. (s. Int. S. 25 f.)
polare Szenenmontagen in *m. c.*; über die verfremdende Funktion von Songs und Titelprojektionen. 4. UG: Die fünf Strophen des Courage-Liedes (in Szenen 1; 7; 8; 12): Aussage, Leitmotivik, Lehrabsicht, Rahmenfunktion. A1: Der Marketenderwagen in seiner wechselnden Gestalt; seine Symbolhaftigkeit. A2: Das Motiv des Weiterfahrens (s. S. 15, Z. 15 f.; S. 89, Z. 5 u. 22; S. 97, Z. 11 f.; S. 107, Z. 6 u. 29). Die lehrhafte Absicht der Wiederholung. Additum LK: 1. KRef: Brechts Regiemodelle und Anmerkungen zur *m. c.* als Muster verfremdender Inszenierungskunst. (s. Mat. He.; Mü. 2.) 2. UG: Beeinträchtigen Inszenierungsmodelle die künstlerische Freiheit? 3. GA: Auffinden von Kontrastmotiven in den Szenen: 2 – 8; 7 – 10; 2 – 3	Vergleichende Lektüre der Szenen 1 u. 2 – Wie ist in ihnen der Charakter der Courage gezeichnet?

Stunden	Thema	Didaktische Aspekte (Inhalte/Ziele)	Methodische Realisierung/ Verlauf
3.	Mutter Courage und Kattrin als Gegenspielerinnen	1. Die exemplarische Bedeutung der Courage-Figur verdeutlichen. 2. Das **Zu-lange-Handeln** als Widerspruch der C. erkennen. 3. Den dialektischen Widerspruch geschäftstüchtige Mutter/mütterliche Tochter erkennbar machen. 4. Die inneren Widersprüche in der Figur der Kattrin sichtbar machen. Pantomime als Verfremdungsmittel. (Brecht: **Die Pantomime hilft sehr der Fabel.**)	1. Auswertung der HA: Erscheint Ihnen die Courage sympathisch oder abstoßend? 2. StArb: Inhaltsskizze von Szene 3/II (S. 39–54) 3. UG: **Die Courage ist Geschäftsfrau, weil sie Mutter ist, sie kann nicht Mutter sein, weil sie Geschäftsfrau ist.** (BBA 907/06) – Verständlichmachung des Zitats durch Bez. auf Szene 3/11. Kontrastierung mit Kattrin. A: M. C.: **Ich kanns nicht geben. – Kattrin läuft schluchzend hinter den Wagen.**
4.	Der Krieg als moralisches Dilemma, dargestellt am Schicksal der Courage-Söhne	1. Brechts Sicht des Krieges als eine Verkehrung der moralischen Normalität zeigen sowie 2. seine Absicht, historische und aktuelle gesellschaftliche Widersprüche aufzudecken, sowie 3. sein Ziel, im Zuschauer Einsichten über dialektische Beziehungen zwischen Moralität und gesellschaftlichen Beziehungen hervorzurufen.	1. Auswertung der HA: Wie werden die Moralbegriffe Redlichkeit und Kühnheit/Tapferkeit mit dem Tod der Söhne der C. in Verbindung gebracht? – Begriffserklärung: Dialektik. 2. UG: **Wie man es macht im Krieg ist es falsch** (BBA 907/52). Vgl.: Mat. 7b: Brechts moralische **Feldtheorie** vom Krieg
5.	Die sozialtypische Bedeutung von Randfiguren	Lehrintentionen Brechts zeigen: 1. Die Gleichsetzung von Prostitution und Marketenderei. Die Verkehrung der Liebe zur Handelsware. 2. Die Unmöglichkeit uneigennütziger Liebe im Krieg. 3. Die Kritik an der bürgerlichen Ehe.	1. Auswertung der HA: Die Liebes- und Ehebeziehungen der Yvette: eine Form der **Geschäftstätigkeit** im Krieg. 2. UG: Das Lied der Yvette (S. 32) – Das Wortspiel **Liebster/Feind** und seine Bedeutung. – Kattrin als Adressatin des Liedes (**damit sie abgehärtet wird gegen die Liebe**)

Hausaufgabe

(52) Die innere Beteiligung der Kattrin an dem **zu langen Handel** der Mutter deutlich machen durch den szenischen Zusammenhang.
4. UG: Das pantomimische Spiel Kattrins mit den Requisiten der Hure – Klärung der demonstrativischen Absicht des Szenendetails. (S. 35 f.)
Additum LK:
1. UG: Vergleich dreier Teilszenen:
1, S. 17 f. (der Schnallenhandel);
2, S. 20 ff. (der Handel um den Kapaun);
3, S. 47 ff. (der Handel um den Wagen).
– Motivwiederholungen und Kontraste. Was soll demonstriert werden?
2. PRO: In Form eines Features:
Kritisches Interview mit der Marketenderin Anna Fierling über ihre Geschäftstätigkeit.
3. UG: Interpretation der Teilszene S. 42, Z. 22 bis S. 44, Z. 6. – Wie wird das Verhältnis Bruder/Schwester dargestellt?

1. PRO (fakultativ): Entwerfen Sie einen inneren Monolog der Kattrin, in dem sie ihr Verhältnis zu ihrer Mutter zum Ausdruck bringt.
2. (obligatorisch): Vergleichende Lektüre der Szenen 3 und 8 (Der Tod der Söhne)

---

3. StArb: Lektüre des »Tugendliedes« (S. 93 ff.). – Auswertendes Gespräch: Bez. der Liedstrophen 3 und 4 auf das Scheitern von Eilif und Schweizerkas. (s. a. Hans Mayer in Mat. Mü. S. 285–291)
Additum LK:
1. LV: Brechts Beziehung zum Marxismus
2. UG: Diskussion des Satzes: **Das Theater des wissenschaftlichen Zeitalters vermag die Dialektik zum Genuß zu machen** (Brecht 1949)
– Beispiele für die Darstellung dialektischer Widersprüche in *M. C.* aufsuchen
3. KRef: Brecht, KLEINES ORGANON FÜR DAS THEATER Nr. 35–45 (Schriften zum Theater S. 146–152): sein Verständnis von theatralischer Dialektik

Die Rollen der Lagerhure Yvette und ihrer Ehemänner, Grundlage sind die Szenen 3 und 8

---

3. Stillarbeit: Das Wiederauftreten der Yvette in Szene 8 (S. 83)
– Stellen Sie die Veränderungen ihrer äußeren Erscheinung fest.
– Vergleichen Sie sie mit dem Bild der Hure in Szene 3.
– Welcher Zusammenhang zwischen Sozialstatus und sozialem Verhalten soll gezeigt werden?
A: **Die Lagerhure ist eine der wenigen Personen, die am Krieg verdienen. Dem Stückeschreiber muß also daran liegen, den Preis, den sie zahlt, nicht zu nieder anzusetzen.** (Brecht, 1949)
– Welchen Verlust an Menschlichkeit erleidet Yvette durch ihren sozialen Aufstieg?
Additum LK:
1. UG: Der Alterungsprozeß der Yvette
– Erschließung des dargestellten Zeitrahmens zwischen Szene 3 u. 8 aus den Szenentiteln von 2, 3, 7 u. 8.

Stunden	Thema	Didaktische Aspekte (Inhalte/Ziele)	Methodische Realisierung/ Verlauf
6.	Die Durchbrechung der epischen Distanz in Szene 11. Kattrin als Identifikationsfigur.	1. Aufzeigen der Inkonsequenzen in der Theorie der Episierung. 2. Brechts Verhältnis zur Religion. 3. Die Darstellung von Heroismus ohne Heldenklischee. 4. Der Konflikt zwischen dichterischer Praxis und dramaturgischer Theorie bei Brecht.	1. Auswertung der HA: Die Dramatik der Szene als Besonderheit in der epischen Szenenfolge 2. UG: Sprachliche Verfremdungen: Beten, Gebet: **Bet, armes Tier, bet;** machen: **Wir können nix** *machen,* **Jesus, was** *macht* **die?**; in Gottes Hand: **und sind in deiner Hand** (2x); Mitleid: **Hast denn kein Mitleid?** – Aufsuchen der Stellen, – Einordnung in den Verlauf, – Interpretation der Widersprüche.
7.–9.	(stundenübergreifend): Die episch-dramatische Strukturierung des Stückes – Analysen der Szenen 1, 5 und 12 im UG: I: Die Eingangsszene	1. **Die Teile einer Fabel sind sorgfältig gegeneinander zu setzen, indem ihnen eine eigene Struktur eines Stückchens im Stück gegeben wird** (Kl. Org. f. d. Theater, Nr. 67). – Verifizierung des Satzes durch den Szenenvergleich 2. Die unsichtbare Anwesenheit des Autors als allwissendes episches Ich auf der Bühne zeigen.	1. Auswertung der HA: a. motivische Entsprechungen der Szenen 1, 5 und 12 aufzeigen. b. Kontrasthandlungen innerhalb von Szene 1 aufzeigen. (s. HA zur 6. Stunde) 2. UG: Wie mischen sich traditionelle und episch-dramatische Elemente in Szene 1?

	Hausaufgabe
– Klärung des Widerspruches zwischen biologischer Wahrscheinlichkeit und dramaturgischer Absicht. 2. GA: Untersuchung der sozialtypischen Bedeutung der Figuren: Feldhauptmann (Szene 2), junger Soldat (Szene 4), Fähnrich (Szene 11), junger Bauer (Szene 11/12). 3. LV: Der Salomon-Song in der Dreigroschenoper und seine Transposition in *M. C.* (Unterschiede und Parallelen)	Inhalt, Gliederung und dramatische Steigerung der Szene 11
3. StArb: Suchen Sie in den Szenen 5, 6 und 9 Vorausweisungen auf die Rettungsaktion Kattrins. Durch welche Bemerkung (S. 102) wird sie initiiert? 4. UG: Der Autor: **Die Technik, die den V-Effekt hervorbringt, ist der Technik, die die Einfühlung bezweckt, diametral entgegengesetzt.** (Brecht, über Schauspielkunst) Ein Kritiker: **Das ist Einfühlungstheater, bei dem selbst dem reflektierendsten Zuschauer das Herz bis zum Halse schlägt.** (H. Engberg über *M. C.*, Szene 11) – Diskussion der kontroversen Standpunkte. Persönliche Stellungnahme. Additum LK: 1. UG: **In einem guten Land brauchts keine Tugenden** (S. 26). – Den Ausspruch der Courage in Beziehung setzen zum Selbstopfer ihrer Tochter. 2. KRef: Die Motive soziales Mitleid/soziale Tat aus *M. C.* in Beziehung setzen zur Erzählung DER AUGSBURGER KREIDEKREIS. A1: Zum Theaterstück DER KAUKASISCHE KREIDEKREIS. A2: Zum Theaterstück DIE HEILIGE JOHANNA DER SCHLACHTHÖFE.	Vergleichende Lektüre der Szenen 1, 5 und 12
a. Exposition, Vorstellung der Personen, Antizipation eines drohenden Schicksals b. Song, demonstrative Gestik, Bewegungsregie. (s. Tafelbild) 3. UG: Das gestische Spiel des Losorakels: Wie wird durch die Sprache und das stumme Spiel der Courage die Selbsttäuschung der Soldaten entlarvt? 4. UG: Gliederung des Szenenverlaufs in Teilszenen und Simultanhandlungen. Additum LK: 1. UG: Erweiterung des Szenenvergleichs: Das Gespräch über den Krieg in Szene 3, S. 33–36/Das Gespräch der Werber S. 7 f. – Sprachwitz als Verfremdungsmittel. 2. KRef: Über die Verwendung von Musik für ein episches Theater. (Schr. f. d. Theater, S. 239–251). – Die Anwendbarkeit auf *M. C.*	Setzen Sie die dritte Strophe des Courageliedes in Szene / in Kontrast zum »Lied von der Rose« in Szene 10. – Welche Widersprüche werden sichtbar?

Stunden	Thema	Didaktische Aspekte (Inhalte/Ziele)	Methodische Realisierung/ Verlauf
		3. Zeigen, wie durch verfremdende Darstellung Widersprüche im Denken und Handeln der Personen aufgedeckt werden. 4. Zeigen, wie der Autor durch strenge Strukturierung der Handlungsstränge verborgene Zusammenhänge aufdeckt.	
	II: Der verlustreiche Sieg – Szene 5	1. Landstraße und Feldlager als Heimstatt der Marketenderin. Brechts Hinweis auf den Verlust von Sicherheit und Geborgenheit durch den Krieg. 2. Brechts Sicht von Gewinnern und Verlierern: **Der Prolet bezahlt die Niederlage/Der Prolet bezahlt den Sieg.** (Sk VI, 652). 3. Erweiterung der Kenntnis von Verfremdungstechniken.	1. Auswertung der HA: a. Die Unbehaustheit als sozialer Makel b. Der Segen der Sesshaftigkeit 2. UG: Historische Situation, Kontrasthandlungen und Lehrhaftigkeit von Szene 5. a. Der Schankbetrieb der Courage/Die Not der Bauern. b. Der Beutegewinn der Befehlshaber/Das Leerausgehen des gemeinen Soldaten. c. Zwei Beutestücke: Der Pelz/Der Säugling.
	III: Der Abgang der Unbelehrbaren – Szene 12	1. Brechts Kunst der zyklischen Komposition einer Szenenfolge erkennen. 2. Das Motiv der Selbsttäuschungen der C. als ein Grundmotiv der Fabel zeigen. A zu 2: Rückgriff auf 8. Stunde: Das Motiv der Unbehaustheit. 3. Brechts Schauspiellehre: Die Forderung des Neben-der-Rolle-Stehens/Die Emotionalität des Textes – Problematisierung des Widerspruchs.	1. Auswertung der HA: Der geschlossene Kreis der Fabel. Woran soll sich der Zuschauer am Schluss des Stückes erinnern? 2. UG: Die zwei Lieder der Szene 12. Wie sind sie durch ihren illusionären Charakter miteinander verbunden? A: Der Dialog mit den Bauern. Welche sozialen Gegensätze werden erkennbar? (s. S. 99: **fahrende Leut,** 103: **Das Gesindel;** dagegen M. C. S. 8: **Geschäftsleut**)

Hausaufgabe

3. UG: Welchen Beitrag leisten a. die Musik, b. die Sprache, c. Mimik und Gestik zur lehrhaften Verfremdung? Additum LK: 1. SV: Gedichte aus dem Zyklus *MESSINGKAUF* (Sk VI, S. 760–798). – Schüler/innen wählen jeweils ein Gedicht zum Vortrag aus und interpretieren es im Hinblick auf *M. C.* 2. UG: Eine Textänderung Brechts: In der Urfassung der Szene gab *M. C.* die Offiziershemden freiwillig heraus. Wie ist die Stelle in der Ihnen vorliegenden Fassung verändert? Welchen Sinn hatte nach Ihrer Vermutung die Änderung? (s. a. Mat. Mü., S. 162: **Eine andere Courage**)	Der Refrain des Courageliedes als Rahmenmotiv. Warum lässt Brecht das Stück damit ausklingen?
3. UG (Problemdiskussion): **Die Erfahrung zeigt, daß es vielen Darstellerinnen der Courage näher liegt und leichter fällt, diese Schlußszene einfach tragisch zu spielen. Damit ist dem Stückschreiber aber nicht gedient.** (Brecht, 1949) Erscheint Ihnen diese Spielanweisung sinnvoll? Additum LK: 1. KRef: Die Rezeption des Stückes 1941 und 1949. a. Zeitungskritiken nach der Züricher Uraufführung. (s. Mat. Mü. S. 53–59) b. Die Ostberliner Polemik nach der deutschen Erstaufführung. (Mat. Mü. S. 81–88) 2. UG: Nehmen Sie Stellung zu dem Satz: **Kunst, die keinen Nutzen bringt, ist keine Kunst** (Brecht 1954)	Warum hat Brecht den Vergleich der Couragefigur mit Niobe verworfen? (s. Ovid, met. VI 148–312)

Stunden	Thema	Didaktische Aspekte (Inhalte/Ziele)	Methodische Realisierung/ Verlauf
10.	Die zeitübergreifende Aktualität des Anti-Kriegs-Stückes	1. Brechts Anti-Tragik als Ergebnis seines dialektisch-materialistischen Geschichtsbildes verständlich machen. 2. Die ideologische Lehre der DDR von **gerechten** und **ungerechten** Kriegen/Brechts Sicht des Krieges als moralische Depravation. (s. Mat. 7a und b): Brechts unorthodoxe Position im marxistischen Weltbild sichtbar machen. 3. Schlussbetrachtung.	1. Auswertung der HA: Nicht **ewig menschliche Verhaltensweisen** zeigen, sondern **den Zusammenhang von Krieg und Kommerz.** Erscheint Ihnen diese Forderung noch aktuell? 2. UG: In einer Diskussion 1953 verwahrte sich B. gegen die Interpretation der M. C. als **pazifistisch.** (AJ, 12. 1. 53) Worin vermuten Sie seine Gründe?

5 Tafelbilder

1) zur 3. Stunde (Kontrast Courage/Kattrin)

Kontrastive Simultanhandlungen

	Die C. betreibt ihren Handel	Die C. verliert ihre Kinder
Szene 1	Der Schnallenhandel (17 f.)	Anwerbung Eilifs (17)
Szene 3	Der Handel um den Wagen (47–53)	Erschießung des Schweizerkas (53)
Szene 8	Der Marktgang (85)	Erschießung Eilifs (89)
Szenen 11/12	**Sie ist in der Stadt, einkaufen** (99)	Tod Kattrins (105)

Kontrastives Verhalten

	Kattrins Spontaneität	Die Kalkulationen der C.
Szene 1	**springt vom Wagen und stößt rauhe Laute aus** (18)	Gleich, Kattrin, gleich (18)
Szene 3	**läuft schluchzend hinter den Wagen** (52)	Ich kanns nicht geben (52)
Szene 5	**wiegt den Säugling und lallt ein Wiegenlied** (63)	Dann laß den Mantel da (63)
Szene 8	**liegt im Wagen, hat die Deck überm Kopf** (88)	Kattrin, packen! (88)

Kontrastive Charakterisierung

Courage	Kattrin
Ich kann nix geben (62) **Ich muß an mich selber denken** (62)	**Leidet am Mitleid** (93) Nimmt einen überfahrenen Igel in Pflege. (93)

Hausaufgabe

3. Kontroverse:
a. **Bei dem Teil der Zuschauer, der dem Proletariat angehört, der Klasse, die wirklich gegen den Krieg selber handeln und ihn überwinden kann, ist, freilich auch nur bei richtiger Spielweise, die Einsicht in den Zusammenhang von Krieg und Kommerz freizulegen.** (Brecht, Modellbuch zur Aufführung 1949)
b. **Brechts dichterischer Ehrgeiz war größer als seine Berufung zum Schulmeister des Proletariats.** (Harald Engberg, 1974)
Additum LK:
Lektüre von *KLEINES ORGANON FÜR DAS THEATER* Nr. 19–33 (Schr. z. Th. s. 139–146): Diskussion über Brechts Anspruch, ein **antibarbarisches** Theater begründet zu haben.

Kattrins unterdrückte Sexualität
– leitmotivische Bedeutung der roten Schuhe:

S. 35 f.	S. 38	S. 68	S. 73	S. 74
Sie spielt mit Hut und Schuhen	M. C. zieht K. die roten Schuhe aus, reibt d. Gesicht m. Asche ein.	M. C.: **sie kriegt einen Mann, wenn Frieden wird**	M. C. schenkt ihr die roten Schuhe. K. lässt sie stehen.	M. C.: **Einen Mann kriegt sie nicht mehr.**
vor Kattrins Verunstaltung			nach der Verunstaltung	

2) Zur 6. Stunde *(Dramatik im epischen Theater)*
Der Spannungsbogen in Szene 11

I	II	III	IV	V
Bedrohung der Bauern durch die Soldaten (99 f.)	Aufforderung zum Beten (10)	Beginn des Trommelns (102)	Bedrohung Kattrins durch die Soldaten (103)	**Sie hats geschafft.** (Schlusswort)

Detail in Szene 11
Die Aufhebung der Existenzangst

I

Soldat (z. j. Bauern)	Der junge Bauer
Wenn du keine Vernunft annimmst, säbel ich das Vieh nieder. (100)	– Ich tus nicht. – Muß ichs tun? – Ich tus.

II

Der Fähnrich (zu Kattrin)	Kattrin	Der junge Bauer
Wir haun deinen Wagen zusammen, wenn du nicht mit Schlagen aufhörst. (104)	stößt, verzweifelt nach dem Wagen starrend, jämmerliche Laute aus. (105)	Schlag weiter! (105)

vgl.: Laß los, was du hast, Genosse. Du hast nichts.

3) zur 7. Stunde (Das dramaturgische Konzept der 1. Szene)

A: traditionelle Dramaturgie (Entfaltung der Dramenhandlung)

Exposition

Aktion	Funktion
Das Gespräch der Werber.	Einführung in Schauplatz der Handlung u. histor. Situation (Ort u. Zeit)
Die C. stellt ihre Familie vor.	Einführung d. Hauptfiguren

Vorausschau

Aktion	Funktion
Das Losorakel	Antizipation einer verhängnisvollen Entwicklung

Konflikt

Aktion	Funktion
Schnallenhandel und Anwerbung Eilifs	Widerstreit zweier unvereinbarer Prinzipien (Händlerin/Mutter)

B: epische Dramaturgie (Demonstration von Widersprüchen)

	Verfremdung	Funktion
Sprache	Verkehrung der Begriffe Ordnung/Unordnung	Aufdeckung der Geschäftsinteressen der Krieg Führenden
Song	Das Courage-Lied	Befremdung über die Offenbarung der Geschäftsinteressen der M. C. Die Selbsttäuschung der C.
Gestik und Mimik	Das Handelsgebaren der C. Das stumme Spiel der Kattrin	Erkenntnis des Zuschauers über dieUnvereinbarkeit von Mütterlichkeit und Geschäftsinteresse. Das Gegenspiel Kattrins.

6 Klausurvorschläge und Referatthemen

Klausuren

Grundkurs

1. Die Bühnenarbeiter wußten, wie die Plane über dem Planwagen sein mußte: Weiß und neu zu Beginn, dann schmutzig und geflickt, dann wieder einmal etwas sauberer, aber nie mehr wirklich weiß und am Ende ein Lumpen.

   Kommentar BRECHTS zur Aufführung von 1949

   a. Was sagt der wechselnde Zustand des Planwagens über den Gang der Dramenhandlung?
   b. Welche Lehre will der Dichter dadurch vermitteln?

2. Ich hätte mir die Courage noch wirksamer gedacht, wenn ihre Worte ›Verflucht sei der Krieg‹! zum Schluß bei der Mutter einen sichtbaren Handlungsausdruck, eine Konsequenz dieser Erkenntnis gewonnen hätten.

   Friedrich Wolf, 1949

   Dem Stückeschreiber obliegt es nicht, die Courage am Ende sehend zu machen, ihm kommt es darauf an, daß der Zuschauer sieht.

   BRECHT

   a. Setzen Sie die beiden Zitate in Beziehung zum Handlungsverlauf und zum Schluss des Dramas.
   b. Wie könnte ein Schlussbild im Sinne des Dramatikers Friedrich Wolf aussehen?
   c. Warum hat BRECHT sich anders entschieden?

3. Das »Lied vom weisen Salomon« (Szene 9)
   Die Funktion des »Salomon-Songs« in der MUTTER COURAGE erweist sich als dramaturgisch notwendig: als notwendig für eine Dramaturgie, die klären und gesellschaftliche Vorgänge einsehbar machen will. Hans Mayer

   a. Erläutern Sie das Zitat von Hans Mayer.
   b. Ordnen Sie die im Song genannten *Tugenden* einzelnen Personen des Stückes zu.

4. Textanalysen
   Die zwei *Heldentaten* des Eilif
   a. Vergleichen Sie S. 22, Z. 21 bis S. 28, Z. 16 mit S. 86, Z. 21 bis S. 87, Z. 26.
   b. Beschreiben Sie die Kontraste.

   Sesshaftigkeit und Ausgesetztheit
   c. Vergleichen Sie Szene 7 mit Szene 10.
   d. Beachten Sie dabei die Übereinstimmung im Schauplatz.

e. Bestimmen Sie das Verhältnis von Gestik und Dialog zum Lied. Was kommt durch die Kontrastierung zum Ausdruck?

Die Mütterlichkeit der Kattrin
f. Beziehen Sie Szene 5, S. 62 bis 63 auf Szene 11.
g. Bestimmen Sie die Motive für das Handeln Kattrins.

5. Dramaturgische Theorie und Bühnenpraxis
a. Werten Sie Mat. 4 aus (Über »Zuschaukunst«).
b. Beschreiben Sie die Vorstellung Brechts vom idealen Zuschauer.
c. Wie soll der Schauspieler den Ansprüchen dieses Zuschauers entgegenkommen?
d. Wenden Sie diese Voraussetzungen auf eine Szene Ihrer Wahl an.

Leistungskurs-Additum
1. Setzen Sie Szene 10 (»Lied von der Bleibe«) in Beziehung zu Szene 7 (**Und was möcht schon Seßhaftwerden nützen**).
a. Ziehen Sie Vergleiche zu ähnlichen szenischen Entgegensetzungen im Drama.
b. Erläutern Sie daraus BRECHTS Prinzip der kontrastiven Montage.
2. a. und b. wie Grundkurs, Aufgabe 3
c. Vergleichen Sie die Texte des »Salomon-Songs« in der *DREIGROSCHENOPER* (III,7) und in *MUTTER COURAGE*.
d. Erklären Sie die Textabweichungen aus der unterschiedlichen dramaturgischen Funktion.

Referate
1. BRECHT und die Berliner Theaterszene 1923–1933.
2. BRECHT als Exilschriftsteller 1933–1948.
3. Paul Dessaus Musik zur *MUTTER COURAGE* und BRECHTS Vorstellung von **gestischer Musik** (s. BRECHT, *SCHRIFTEN ZUM THEATER,* Hrsg. S. Unseld, Frankfurt/M. 1957, S. 252 f.).
4. Das Drehbuch von BRECHT/Burri/Staudte für den nicht realisierten DEFA-Film *MUTTER COURAGE UND IHRE KINDER* (s. BRECHT, *GESAMMELTE WERKE,* e.s. Supplementband »Texte für Filme I«, S. 183 ff.).

7 Materialien

Das Mißverständnis vom ›Muttertier‹

Material 1

Mutter Courage selber wird also keineswegs nur in Verklärung beleuchtet. Sie ist in ihrer Derbheit ein warmblütiges Muttertier, das seine eigene Brut vor Greuel und Kriegsdienst bewahren möchte – und ebenso eine Kriegslieferantin und »Hyäne des Schlachtfelds«, die selbst noch während des Standgerichts gegen den eigenen Sohn das Markten nicht vergißt und, um sich selbst zu retten, die Leiche des Sohnes verleugnet. Denn von heldischem Verhalten hält diese Landstörtzerin nicht viel. Bei Tillys Tod wird man belehrt: »Solche finden sich in Dutzend, Helden gibt's immer.« Siege oder Niederlagen bedeuten ihr nur gute oder schlechte Geschäfte. »Die Ehr ist verloren, aber sonst nix« wirkt wie ein Witz auf den Stoßseufzer König Franz' des Ersten: »Alles verloren außer der Ehre«. Sogar ihre eigene mannhafte Courage, von der sie ihren soldatischen Ehrentitel erhalten hat, materialisiert sie durch die *wirtschaftliche* Erklärung: »Courage heiß ich, weil ich den Ruin gefürchtet hab, [...] und bin durch das Geschützfeuer von Riga gefahren mit fünfzig Brotlaib im Wagen [...] Ich hab keine Wahl gehabt.«
[...] keine Wahl gehabt! Ja, das haben sie alle nicht in Brechts zoologischer Menschenwelt, wo nicht einmal eine fiktive Freiheit des Willens gilt. Man *muß* hier immer – das Gute und das Schlechte – man *will* es nie. Man ist unfrei wie ein armes Tier.

(F. Diebold über die Uraufführung vom 19. 4. 1941 in:
die Tat, Zürich, 22. 4. 1941)

Material 2

wir haben die erste szene der COURAGE zu ändern, da hier schon angelegt ist, was bei der züricher aufführung den zuschauern erlaubt hat, sich hauptsächlich von der dauerhaftigkeit und tragfähigkeit der gequälten kreatur (des ewigen muttertiers) erschüttern zu lassen – wo es doch damit nicht eben weit her ist.

(Brecht in: Arbeitsjournal, Eintragung vom 25. 11. 48)

Die Kritik der SED

Material 3

Um es einmal grob zu sagen: Wenn der geniale Brecht einen falschen Weg geht, bleibt immer noch jeder Schritt als Ausdruck eines wirklichen Dichters höchst interessant; gehen ihn jedoch schwächere oder gar schwache Bühnenautoren, dann ist das stets recht langweilig, und die falsche Richtung des Wegs wird sogleich deutlich.
So hätten also diese Zeilen nur den Zweck, junge Dramatiker vor einer Nachfolge Brechts zu warnen? Dann wären sie verfehlt, denn junge Dramatiker, die etwas wollen, lassen sich, wie die Praxis lehrt, in den seltensten Fällen erfolgreich vor etwas warnen. Es geht um mehr. Es geht um die Frage, ob unser dichterisch stärkster deutscher Dramatiker, ob Bertolt Brecht es sich weiterhin selbst verwehren will, auch der dramatisch stärkste Dichter, das heißt, der volkstümlichste deutsche Dramatiker zu werden.
Gerade die Berliner Aufführung der *MUTTER COURAGE* müßte ihm dies zeigen, wenn er aufmerksam die Wirkung auf das Publikum beobachtet und analysiert. In diese *Chronik* ist nämlich ein ganz unepisches, sehr *dramatisches* Drama einge-

Material 3

baut: ein Drama mit Spieler und Gegenspieler, mit allem, was dazugehört. Allerdings ist da der Gegenspieler der Mutter Courage nicht (wie jetzt) der Krieg – also ein dramaturgisches Abstraktum –, sondern ein Mensch: die stumme Kattrin. Sie wird von ihrer Mutter wieder und wieder am menschlichen Ausleben verhindert: aus besorgter Liebe, aber auch, weil sie im Geschäft als Arbeitskraft unentbehrlich ist. Verstärkt wird dieser tragische – letztlich natürlich durch den Krieg bedingte und deshalb tiefe – Konflikt durch die Nebenhandlungen: den Tod der Brüder und das Verhältnis der Mutter zu dem Feldprediger und dem Koch. Alles das ist bei Brecht da. Es wird in der Szene mit der Lagerhure Yvette großartig exponiert. Es hat einen ersten Höhepunkt in der erschütternden Szene, in der Kattrin – die Sexualhungrige und Kinderliebe – den aus einem brennenden Bauernhaus geretteten Säugling auf den Knien wiegt und dabei glückselig lallt. Es steigert sich in dramatischer Wucht, wenn Kattrin in dem Augenblick, da sie den Frieden gekommen wähnt, durch die entstellende Wunde im Gesicht sich endgültig als Frau erledigt weiß. Sodann der dramatische Abklang: die Szene, da der Koch ihre Mutter verlässt, und schließlich ihr Opfertod bei dem Versuch, die Stadt Halle vor dem Überfall durch die Landsknechthorden zu retten.

Einem Dichter, der auch das Dramaturgisch-Handwerkliche so meisterhaft beherrscht wie Brecht, wäre es zweifellos nicht schwer, diese Komplexe seiner *Chronik* zu entnehmen, die Fäden zu einer dichten dramatischen Fabel zu verknüpfen. Das klingt jetzt vielleicht wie der anmaßlich-naive Vorschlag eines *Besserwissers* – soll es aber ganz und gar nicht sein. Es ist vielmehr nur ein Hinweis gerade auf jene Stellen des Werks, die bei der Premiere die durchschlagende Wirkung taten; bestimmt nicht nur infolge des herrlichen Spiels von Helene Weigel und Angelika Hurwicz! Sondern weil sie zugleich der Sieg des *dramatischen* Theaters über das *epische* waren.

(F. Erpenbeck über die Berliner Erstaufführung vom 11. 1. 1949 in:
Die Neue Weltbühne, Ostberlin 1949, S. 101 f.)

Material 4

Über ›Zuschaukunst‹

in der eigentlichen premiere der COURAGE, die am 9. in geschlossener vorstellung durch die gewerkschaften stattfand, waren schüler einer funktionärschule gewesen. es war ein wagnis, den schauspielern ein solches publikum als erstes vorzusetzen, aber die arbeiter aus den hennigsdorfer stahlwerken zeigten sich als wunderbare zuschauer. sie saßen freilich lange wie zaungäste, von denen weder zustimmung noch ablehnung erwartet wird, aber nach der szene mit dem lied von der kapitulation klatschten sie, und die szene mit dem tod der stummen kattrin unterbrachen sie mit großem beifall da, wo sie das ehrenwort des offiziers ablehnt. und am ende vergaßen sie aufzustehen und in die garderobe zu stürzen, obwohl das stück lang ist und die bahnen spät nicht fahren. nun gingen engel und ich zu einer diskussion in die schule hinaus und hatten die gelegenheit, uns weiter zu wundern. welche bestimmtheit und welche höflichkeit! außer einigen technischen fehlern wie dem, daß die musik die worte übertönte, rügten einige, daß der obrist der yvette zu stark karikiert war. meine entgegnung, die lagerhure werde später als eine der wenigen personen gezeigt, die am krieg verdienten, und dem stückschreiber müsse also daran liegen, den preis, den sie zahlte, nicht zu nieder anzusetzen, wurde mit verständnis und grazie angenommen. besonders hoben sie die trommelszene hervor, und einer lobte, daß gerade »der hilfloseste mensch am ehesten bereit war zu helfen, dieselbe person, die wenige szenen zuvor vom eigenen bruder als ›du armes tier‹ tituliert werde.« welch ein zuschauer! er muß in der dritten szene diesen satz vermerkt (und ärgerlich!) haben – in der elften fand er die antwort! und daß die courage nichts lernt im äußersten elend, erregte diesen zuschauern nur mitleid!

(Brecht in: Arbeitsjournal, Eintragung vom 17. 1. 1949)

Die Brechtbühne

Material 5

ANTIGONE, Chur 1948
Die Nehersche Antigonebühne. Vor einer Halbrunde von Schirmen, beklebt mit geröteten Binsen, stehen lange Bänke, auf denen die Schauspieler ihr Stichwort abwarten können. In der Mitte lassen die Schirme eine Lücke, in der die sichtbar bediente Schallplattenapparatur steht und durch welche die Schauspieler, wenn mit ihrer Rolle fertig, abgehen können. Das Spielfeld wird durch vier Pfähle gebildet, von denen die Skelette von Pferdeschädeln hängen. Im Vordergrund steht auf der linken Seite das Gerätebrett mit den Bacchusstabmasken, dem kupfernen Lorbeerkranz des Kreon, der Hirseschale und dem Weinkrug für Antigone und dem Hocker für Tiresias. Später wird Kreons Schlachtschwert von einem der Alten hier aufgehängt. Auf der rechten Seite steht das Gerüst mit der Eisenplatte, die von einem der Alten zu dem Chorlied »Geist der Freude, der du von den Wassern« mit der Faust angeschlagen wird. Für das Vorspiel ist eine geweißte Wand an Drähten herabgelassen. Sie hat eine Tür und einen Wandschrank. Vor ihr stehen ein Küchentisch und zwei Stühle und rechts vorn liegt ein Sack. Über der Wand wird zu Beginn eine Tafel mit Ort- und Zeitangabe herabgelassen. Es gibt keinen Vorhang.
Die Schauspieler sitzen deshalb offen auf der Bühne und nehmen erst beim Betreten des (sehr hell erleuchteten) Spielfelds die ausgemachten Haltungen der Figuren an, damit das Publikum sich nicht auf den Schauplatz der Handlung versetzt glauben kann, sondern der Ablieferung eines antiken Gedichts, wie immer es restauriert sein mag, beizuwohnen eingeladen wird.

(aus: Brecht-Neher, Antigonemodell, Berlin 1949, S. 8)

Die Brechtbühne

Material 6

MUTTER COURAGE UND IHRE KINDER, Berlin 1949
Wir benutzten für die hier beschriebene Berliner Aufführung am Deutschen Theater das berühmte Modell, das Teo Otto in den Kriegsjahren für das Züricher Schauspielhaus entworfen hatte. Das Modell verwendete für einen stehenden Rahmen, bestehend aus großen Schirmen, die Materialien der Kriegslager des siebzehnten Jahrhunderts: Zeltleinwand, mit Stricken zusammengehaltene Holzbalken und so weiter. Baulichkeiten wie Pfarrhof und Bauernhaus wurden plastisch hereingestellt, realistisch nach Bauart und Baumaterial, aber in künstlerischer Andeutung, stets nur so viel davon, wie dem Spiel dienlich war. Auf

Material 6

dem Rundhorizont standen farbige Projektionen, und für die Fahrten wurde die Drehscheibe benutzt. – Wir veränderten Größe und Stellung der Schirme und benutzten sie nur in den Lagerszenen, so daß diese von den Landstraßenszenen getrennt waren. Die Baulichkeiten (2, 4, 5, 9, 10, 11) gestaltete der Berliner Bühnenbauer frei, das Prinzip beibehaltend. Auf Hintergrundprojektionen, wie in Zürich, verzichteten wir und hängten die Ländernamen in großen schwarzen Buchstaben über die Szenen. Wir verwendeten gleichmäßiges, ungefärbtes Licht und so viel davon, wie die Apparate hergaben. Dadurch beseitigten wir den Rest von *Atmosphäre*, welche die Vorgänge leicht romantisch macht. Beinahe alles übrige behielten wir, oft bis ins kleinste (Hackblock, Feuerstelle und so weiter), und besonders die vorzüglichen Stellungen des Planwagens, und das letztere bedeutet viel, denn damit war schon viel von der Gruppierung und dem Ablauf der Vorgänge von vornherein festgelegt.

(aus: Brecht, Couragemodell 1949, Hrsg. Ruth Berlau, Berlin 1958)

Material 7a

Der Begriff ›Krieg‹ in marxistischer und in brechtscher Sicht

Im Gegensatz zu den dogmatischen Auffassungen vom Krieg als einem absoluten Übel unterscheidet der Marxismus-Leninismus zwischen *gerechten* und *ungerechten, reaktionären* und *revolutionären* Kriegen. Kriege, die dazu dienen, die von der herrschenden Klasse eines Landes betriebene Politik der Unterdrückung und Ausbeutung des eigenen Volkes wie auch fremder Völker mit den Mitteln des bewaffneten Kampfes fortzusetzen, den Herrschaftsbereich von Ausbeuterklassen gewaltsam auszudehnen und die Macht der reaktionären Kräfte gewaltsam aufrechtzuerhalten, sind ungerecht. Gerecht sind Kriege, die die Völker für ihre Befreiung von nationaler und kolonialer Unterdrückung und die die unterdrückten und ausgebeuteten Klassen um die Befreiung vom Klassenjoch führen. »Bürgerkriege sind auch Kriege. Wer den Klassenkampf anerkennt, der kann nicht umhin, auch Bürgerkriege anzuerkennen, die in jeder Klassengesellschaft eine natürliche, unter gewissen Umständen unvermeidliche Weiterführung, Entwicklung und Verschärfung des Klassenkampfes darstellen« (LENIN 23, 74). Mit dem Sieg des Sozialismus im Weltmaßstab wird die Menschheit für immer von der Gefahr eines Krieges befreit, da es in der sozialistischen Gesellschaft keine gesellschaftlichen Kräfte – Klassen oder Schichten – gibt, die an der Unterdrückung und Ausbeutung anderer Völker, und somit an einem Krieg, interessiert sind.

(aus: Wörterbuch der Philosophie, Leipzig 1964, S. 624 f.)

Material 7b

die *MUTTER COURAGE* durchstudierend, sehe ich mit einiger zufriedenheit, wie der krieg als riesiges feld erscheint, nicht unähnlich den feldern der neuen physik, in denen die körper merkwürdige abweichungen erfahren. alle berechnungsarten des individuums, gezogen aus erfahrungen des friedens, versagen; es geht nicht mit kühnheit, es geht nicht mit vorsicht, nicht mit ehrlichkeit, nicht mit betrug, nicht mit brutalität noch mit mitleid, alles bringt untergang, aber es bleiben die kräfte, welche auch den frieden zu einem krieg machten, die unnennbaren.

(Brecht in: Arbeitsjournal, Eintragungen vom 5. 1. 1941)

BERTHOLD EUGEN (BRECHT): Die Toten vom 3. Regiment (1914) **Material 8**

Nun gehn der Trauer Boten
Durchs ganze Land
Und melden von den Toten
Die nach dem Sieg man fand.
Noch wehn die schwarz-weiß-roten
Siegfahnen von End zu End
Nun wie zum Gruß der Toten
Vom dritten Regiment

War's gestern nicht, dies Scheiden?
Da zogen wir hinaus
Jubelnd mit ihnen und streuten
Blumen über sie aus.
Den Lebenden haben geboten
Einst Blumen wir zum Präsent –
Nun streuen wir sie den Toten
Vom dritten Regiment

Nun gehn der Trauer Boten
Durchs ganze Land
Und melden von den Toten
die nach dem Sieg man fand.
Die Klänge noch nicht verlohten
Der Glocke, die Sieg bekennt.
Sie läuten zum Dank an die Toten
Vom dritten Regiment.

BERTHOLD EUGEN (BRECHT): Soldatengrab (1914) **Material 9**

Bei den Soldaten drunten
Ist auch mein Freund dabei.
Ich hab ihn nicht rausgefunden.
Es ist auch einerlei.

Hat einst gekämpft und gesungen
Mit allen in einer Reih
Hat mit allen den Säbel geschwungen
Und ist mit allen verklungen
Und liegt nun drunten dabei.

Der Wind geht abends darüber
Und singt eine Melodei.
Die macht traurig. Ich weiß nicht worüber.
Es ist auch einerlei.

Material 10 BERTOLT BRECHT: Grabschrift aus dem Krieg des Hitler (1940)

Vater, du ließest mich zu den Soldaten
Mutter, du hast mich nicht versteckt
Bruder, du hast mir falsch geraten
Schwester, du hast mich nicht aufgeweckt!

Material 11 BERTHOLD EUGEN BRECHT
(Auszug aus seinem Schulaufsatz am Augsburger Realgymnasium, 1914)

Der Ausspruch, daß es süß und ehrenvoll sei, für das Vaterland zu sterben, kann nur als Zweckpropaganda gewertet werden. Der Abschied vom Leben fällt immer schwer, im Bett wie auf dem Schlachtfeld, am meisten gewiß jungen Menschen in der Blüte ihrer Jahre. Nur Hohlköpfe können die Eitelkeit soweit treiben, von einem leichten Sprung durch das dunkle Tor zu reden, und auch dies nur, solange sie sich weit ab von der letzten Stunde glauben. Tritt der Knochenmann aber an sie selbst heran, dann nehmen sie den Schild auf den Rücken und entwetzen, wie des Imperators feister Hofnarr* bei Philippi, der diesen Spruch ersann.

* (gemeint: der Dichter Horaz)

Material 12 BERTOLT BRECHT: Mein Bruder war ein Flieger (1940)

Mein Bruder war ein Flieger
Eines Tags bekam er eine Kart
Er hat seine Kiste eingepackt
Und südwärts ging die Fahrt.

Mein Bruder ist ein Eroberer
Unserm Volke fehlt's an Raum
Und Grund und Boden zu kriegen, ist
Bei uns ein alter Traum.

Der Raum, den mein Bruder eroberte
Liegt im Guadarramassiv
Er ist lang einen Meter achtzig
Und einen Meter fünfzig tief.

Augsburger Kriegsbrief vom 10. Sept. 1914 (Auszug) **Material 13**

Am Samstag wurde der erste Soldat, der im hiesigen Lazarett gestorben ist, bestattet.
Er ist mit so vielen anderen Schwerverwundeten gekommen. Tagelang ist er im Lazarett gelegen, todwund, in Fieberphantasien. Fremde Gesichter sah er am Lager, wenn er aufwachte für Sekunden. Ihm streichelte keiner Mutter kühle Hand die heiße Stirne.
Niemand weiß seinen Namen. Aber er war ein deutscher Krieger, und das genügt uns.
Nach Tagen der Schmerzen, nach Nächten der Einsamkeit ist er gestorben. Still. Klaglos. Als einer der vielen Helden, der vielen deutschen Männer, die gestorben sind, die sterben werden.
Sie haben ihn zu Grab getragen. Ich sehe immer noch das erschütternde Bild. Unter Blumen wankt der Sarg zwischen die Gräber hin. Soldaten, Kameraden geben ihm das Geleite. Trommeln rasseln, als er in die Erde gesenkt wird. Salven knattern, als die Erdschollen auf den Sarg fallen.
Wie viele werden noch fallen! Und werden nicht mit so viel Ehren begraben. Fern der Heimat werden sie in ein Massengrab gelegt, ohne Geleite.
Und niemand weiß ihre Namen [...]

(unter dem Pseudonym Berthold Eugen erschienen in der
München-Augsburger Abendzeitung)

Wiegenlied **Material 14a**

Eio popeio, was rasselt im Stroh?
Die Gänselein gehn barfuß
Und haben keine Schuh;
Der Schuster hats Leder,
Kein Leisten dazu,
Kann er den Gänslein
Auch machen kein Schuh.

(aus: Des Knaben Wunderhorn. Alte deutsche Lieder, gesammelt
von Achim von Arnim und Clemens Brentano. dtv-
Gesamtausgabe (1963), Teil 3, S. 205)

Die arme Bettelfrau singt das kranke Kind in Schlaf **Material 14b**

Eia popeia popole,
Unser Herrgottche wird dich bald hole,
Kömmt er mit dem gulderne Lädche,
Legt dich hinunter ins Gräbche:
Über mich,
Über dich,
Kummer mitnander ins Himmelrich!

(Variante zu 14a, a.a.O., S. 202)

Anhang

Anmerkungen

1 Zit. nach: Walter Brecht, Unser Leben in Augsburg, S. 281.
2 Werke. Hrsg. Mittenzwei, Bd. 5, S. 541.
3 Werke. Hrsg. Mittenzwei, Bd. 3, S. 317.
4 Walter Brecht, a.a.O., S. 25.
5 Ebd., S. 63.
6 Hans Mayer, Brecht und die Tradition, S. 25.
7 Rudolf Fernau, Als Lied begann's. Lebenstagebuch eines Schauspielers. München 1975 (dtv), S. 119.
8 Ebd., S. 145 f.
9 Erwin Piscator, zit. bei Jürgen Rühle, Theater und Revolution, S. 134.
10 Schriften zum Theater, S. 64.
11 Werke (Sk.) VII, S. 129.
12 Tagebücher 1920–1922, S. 60 f.
13 Sk. VII, S. 79.
14 Ebd.
15 Ebd., S. 32.
16 Schriften zum Theater, Hrsg. Unseld, S. 248.
17 Gespräche mit Dessau, Leipzig o. J., S. 64.
18 Zit. nach Völker, Bertolt Brecht, S. 295.
19 Gespräche mit Dessau, S. 64.
20 Paul Dessau, Eine Biographie. Leipzig 1965, S. 54.
21 Ernst Josef Aufricht, Erzähle, damit du dein Recht erweist. Aufzeichnungen eines Berliner Theaterdirektors. München 1969 (dtv), S. 57.
22 In: Theaterarbeit, Dresden 1952.
23 Anmerkungen zur Aufführung 1949. In: Materialien zu Brechts Mutter Courage und ihre Kinder, Hrsg. W. Hecht, S. 13.
24 Sk. VII, S. 426.
25 Ebd.
26 Ebd., S. 430.
27 Verner Arpe, Bildgeschichte des Theaters, Köln 1962, S. 40.
28 Sk. VII, S. 620.
29 Ebd., S. 625.
30 In: Hubert Witt (Hrsg.), Erinnerungen an Brecht, Leipzig 1964, S. 339.
31 Schriften zum Theater, Hrsg. Unseld, S. 129.
32 Zit. bei Völker, a.a.O., S. 389.
33 Materialien, Hrsg. Hecht, S. 89.
34 Ebd., S. 88.
35 Schriften zum Theater, Hrsg. Unseld, S. 31.
36 Werke (Sk.) VII, S. 925.
37 Schriften zum Theater, Hrsg. Unseld, S. 19 f.
38 Werke (Sk.) VII, S. 52.
39 Schriften zum Theater, Hrsg. Unseld, S. 109.
40 Schriften zum Theater, Hrsg. Unseld, S. 63.
41 Materialien, Hrsg. Müller, S. 197.
42 Über realistische Schreibweise, in: e.s. 19, S. 348.
43 In: Die deutsche Literatur. Texte und Zeugnisse, Bd. 3, München 1963, S. 980.
44 Ebd., S. 982.
45 Aus dem Gedichtzyklus: »Fänrik Ståls sägner« (Erzählungen des Fähnrich Stahl), Ballade »Lotta Svärd« von J. L. Runeberg, dt. übersetzt bei: Klaus-Detlef Müller (Hrsg.), Brechts Mutter Courage und ihre Kinder. Materialien, S. 15 ff.
46 Claude Hill, Bertolt Brecht, S. 107.
47 Grimmelshausen, Lebensbeschreibung der Ertzbetrügerin und Landstörtzerin Courasche, Kap. XII.
48 Ebd., Kap. VIII.
49 Helmut Jendreiek, Bertolt Brecht, S. 198.
50 Im Gespräch mit Friedrich Wolf, zit. nach Klaus-Detlef Müller, Materialien zur Mutter Courage, S. 92.
51 Marianne Kesting, Das epische Theater, S. 80.
52 Müller, Materialien, S. 169.
53 Ebd., S. 178.
54 H. Jendreiek, Bertolt Brecht, S. 198.
55 M. Kesting, Das epische Theater, S. 80.
56 Müller, Materialien, S. 178.
57 Ebd., S. 68.
58 Ebd., S. 182.
59 Ebd., S. 132.
60 Ebd., S. 89.
61 Ges. Werke (Sk.), Bd. 7, S. 39.
62 Ebd.
63 Völker, Bertolt Brecht, S. 44.
64 Kleines Organon für das Theater, These 70.
65 Juliane Eckhardt, Das epische Theater, a.a.O., S. 41.
66 Heinrich Lausberg, Elemente der literarischen Rhetorik, München 1963, § 84.
67 Ebd., § 86.
68 Ebd., § 133.
69 Novalis (Friedrich von Hardenberg), Gesammelte Werke, ed. Seelig, Herrliberg–Zürich 1946, Bd. IV, S. 301.
70 Paul Rilla in seiner Besprechung der Berliner Courage-Aufführung 1949 in: Berliner Zeitung, 13. 1. 1949.

71 Ruth Berlau in »Theaterarbeit«, 1952.
72 Briefe 617 f.
73 An Ekkehard Schall, 5. 2. 1956 – B. 773.
74 »Brief an Schauspieler«, in: »Theaterarbeit«, 1952.
75 Kleines Organon für das Theater, These 48.
76 Aus: »Kurze Beschreibung einer neuen Technik der Schauspielkunst, die einen Verfremdungseffekt hervorbringt«, zit. in: Brecht, Schriften zum Theater, Hrsg. Unseld, S. 110.
77 Courage-Modell 1949, zit. bei Müller, Materialien, S. 181.
78 Bei: Müller, Materialien, S. 177.
79 Ebd., S. 162.
80 Theaterarbeit, 1952, S. 319 f.
81 Bei: Müller, Materialien, S. 177.
82 Ebd., S. 142.
83 Ebd., S. 127.
84 Ebd., S. 129.
85 Aus: Messingkauf, in: Brecht, Schriften zum Theater, Hrsg. Unseld, S. 260.
86 Aus: Courage-Modell 1949, zit. bei Müller, Materialien, S. 130.
87 Ebd., S. 173.
88 Theaterarbeit, 1952, S. 331.
89 Ruth Berlau in »Theaterarbeit«, 1952, S. 330.
90 »Die Requisiten der Weigel«, in: Brecht, Schriften zum Theater, Hrsg. Unseld, S. 276.
91 Bertolt-Brecht-Archiv 23/40 (bei Müller, Materialien, S. 239).
92 Helmut Jendreiek, Bertolt Brecht, S. 200.
93 A. J. 2. 2. 1941 (I, S. 178).
94 Ebd., 7. 10. 1940 (I, S. 141).
95 Paul Dessau: Aus Gesprächen, Hrsg. Horst Schuster, Leipzig 1986, S. 66.
96 Ebd.
97 Theaterarbeit, 1952, S. 277.
98 Paul Dessau: Aus Gesprächen, a.a.O., S. 69.
99 Fritz Hennenberg, Dessau-Brecht. Musikalische Arbeiten, Berlin 1963, S. 114.
100 Kleines Organon für das Theater, These 33.
101 Ebd., S. 21.
102 Diebold, in: Die Tat, Zürich 22. 4. 1941.
103 Brecht, Schriften zum Theater, Hrsg. Unseld, S. 64.
104 Kleines Organon für das Theater, These 36.
105 Materialien zu Brechts Mutter Courage, Hrsg. W. Hecht, S. 155.
106 Helmut Jendreiek, Bertolt Brecht, S. 153.
107 Klaus Völker, Brecht, Kommentar zum dramatischen Werk, S. 201.
108 Müller, Materialien, a.a.O., S. 148.
109 Arbeitsjournal II, S. 252; 25. 11. 1948.
110 Klaus Völker, Brecht, Kommentar zum dramatischen Werk, S. 200.
111 S. Jan Esper Olsson, Bertolt Brecht, Mutter Courage und ihre Kinder. Historisch-kritische Ausgabe, Lund 1981.
112 In: Politiken, Kopenhagen 7. 10. 1953.
113 Brecht, Werke, Hrsg. Mittenzwei, Bd. 2, S. 490.
114 Ebd., Bd. 4, S. 209.
115 Wiedergegeben bei: Klaus-Detlef Müller, Brechts Mutter Courage. Materialien, S. 150 ff.
116 Ebd., S. 163.
117 Klaus-Detlef Müller, Brechts Mutter Courage. Materialien, S. 143.
118 A. J., 9. 12. 1940; I, S. 157.
119 A. J., 22. 4. 1941; I, S. 195.
120 Courage-Modell, bei Müller, Materialien, S. 149.
121 Ebd., S. 159.
122 Ebd., S. 167.
123 Ebd., S. 167.
124 Ebd., S. 167.
125 Ebd., S. 163.
126 Jan Esper Olsson, Historisch-kritische Ausgabe, S. 9.
127 S. Olsson (a.a.O.), Vergleich Fassung U (Urtext) mit Fassung DT (Bühnentext 1949).
128 Müller, Materialien, S. 141.
129 Ebd., S. 216.
130 Ebd., S. 141 f.
131 Müller, Materialien, S. 184.
132 Peter Hacks, zitiert bei Werner Mittenzwei (Hrsg.), Wer war Brecht?, Berlin (O.) 1977, S. 100.
133 S. W. Hecht, Materialien zu Brechts Mutter Courage und ihre Kinder. edition suhrkamp 50 (Mat. He.); K. D. Müller, Brechts Mutter Courage und ihre Kinder. suhrkamp taschenbuch 2016 (Mat. Mü.).
134 Ähnlich S. 22: »Uns ihr Vieh wegtreiben!«
135 Mat. He., S. 19.
136 Ähnlich S. 10: »Ich dacht Würst.«
137 Sk. VI, S. 652.
138 Mat. Mü., S. 107.
139 Mat. Mü., S. 113.
140 Mat. Mü., S. 162.
141 Mat. Mü., S. 188.
142 Mat. Mü., S. 123.
143 Mat. Mü., S. 187.
144 Mat. Mü., S. 264.
145 Mat. Mü., S. 122.
146 Mat. Mü., S. 129.
147 Mat. Mü., S. 107 f.; S. 188.
148 Rheinischer Merkur, 2. 2. 1962.
149 André Müller, Kreuzzug gegen Brecht, Darmstadt 1962, S. 17.
150 Brigitte Klump, Das rote Kloster, Hamburg 1978, S. 143.
151 Nach: Jürgen Rühle, Theater und Revolution, München 1963, S. 195.
152 B. Klump, a.a.O., S. 144.
153 Nach: Zeitschrift des deutschen Bühnenvereins, 1971, H. 11.

[154] Helmut Jendreiek, Bertolt Brecht, Düsseldorf 1969 (i. Vorwort).
[155] Werner Hecht, Aufsätze über Brecht, Berlin 1970, S. 146.
[156] Reinhold Grimm, Bertolt Brecht. Die Struktur seines Werkes, Nürnberg 1962, S. 7.
[157] Marianne Kesting, Panorama des zeitgenössischen Theaters, München 1962, S. 64.
[158] Ernst Schumacher, Brecht. Theater und Gesellschaft im 20. Jahrhundert. Berlin (O.) 1973, S. 28.
[159] In der Kopenhagener Zeitung »Politiken«, 7. 10. 1953.
[160] Zitiert bei: Harald Engberg, Brecht auf Fünen. Exil in Dänemark 1933–1939, dt. Wuppertal 1974, S. 237.
[161] Ebd.
[162] Jan Esper Olsson, Bertolt Brecht, Mutter Courage und ihre Kinder. Historisch-kritische Ausgabe, S. 5.
[163] A. J. I, S. 156.
[164] H. Engberg, a.a.O., S. 237.
[165] Klaus Völker, Brecht. Kommentar zum dramatischen Werk, S. 195.
[166] Im Programmheft zur Kopenhagener Aufführung, 1953.
[167] Bei: Müller, Materialien, S. 25.
[168] Ebd., S. 58 f.
[169] Ebd., S. 57.
[170] In der Zeitschrift »Internationale Literatur«, Moskau, Heft 1.
[171] Brecht, Die Expressionismusdebatte, e.s. 19, S. 290.
[172] Ebd.
[173] G. Lukács, »Es geht um den Realismus«, in: Essays über Realismus, Berlin (O.) 1948, S. 134.
[174] Formulierung Stalins auf dem sowjetischen Schriftstellerkongress 1934.
[175] Brecht, e.s. 19, S. 333 f.
[176] A. J. 17. 1. 1949 (II, S. 547 f).
[177] Werner Mittenzwei, Der Realismus-Streit um Brecht, in: Wer war Brecht?, Berlin (O.) 1977, S. 9–114.
[178] Karl-Heinz Ludwig, Bertolt Brecht. Tätigkeit und Rezeption von der Rückkehr aus dem Exil bis zur Gründung der DDR. Kronberg/Ts. 1976, S. 49.
[179] Erpenbeck 1949, zit. bei Müller, Materialien, S. 82 f.
[180] A. J., 28. 1. 1949 (II, S. 545).
[181] Klaus Völker, Bertolt Brecht, München 1976, S. 380.
[182] Zitate nach: Müller, Materialien, S. 84 ff.
[183] Max Schröder, Verflucht sei der Krieg. N. D., 13. 1. 1949.
[184] A. J. II, S. 546.
[185] Jürgen Rühle, Theater der Revolution, München 1963, S. 105.
[186] Brecht, Sk. VII, S. 852 ff.
[187] Brecht, Schriften zum Theater, Hrsg. Unseld, S. 210.
[188] B., Nr. 670 (S. 662).
[189] Sk. VII, S. 87.
[190] Texte für Filme I, S. 290.
[191] Ebd., S. 239.
[192] Ebd., S. 239.
[193] Ebd., S. 269.
[194] Ebd., S. 287.
[195] Ebd., S. 208.
[196] Ebd., S. 291.
[197] Ebd., S. 293.
[198] Ebd., S. 292.
[199] Ebd., S. 286.
[200] Wolfgang Gersch, Film bei Brecht, München 1975, S. 300.
[201] Bei: Müller, Materialien, S. 258.
[202] »Brecht im Gespräch«, Hrsg. Werner Hecht, Frankfurt/M. 1975, S. 106.
[203] Rolf Geißler, Brechts dramatische Intention. Wirkendes Wort 11/1961, S. 209.
[204] Jürgen Kramer in: Projekt Deutschunterricht 6. Stuttgart 1974, S. 132.
[205] Lehrbuch für den Literaturunterricht. Berlin (Ost) 1974, S. 106.
[206] In: DU 6/1994, S. 3–7.

Literaturverzeichnis

Zitate aus MUTTER COURAGE UND IHRE KINDER nach: Einzelausgabe edition suhrkamp Nr. 49 (TB.), Frankfurt/M. 1963, [5]1992

Werkausgaben

Brecht, Bertolt: Große kommentierte Berliner und Frankfurter Ausgabe, Hrsg. Werner Hecht, Jan Knopf, Werner Mittenzwei, Klaus-Detlef Müller. Frankfurt/M. 1987 seqq. (1992 noch nicht abgeschlossen) – enthält ausführliche Erläuterungen und Zeilenkommentare

Brecht, Bertolt: Gesammelte Werke in acht Bänden, hrsg. in Zusammenarbeit mit Elisabeth Hauptmann vom Suhrkamp-Verlag. Frankfurt/M. 1967 (Abk. Sk. I–VIII)

Brecht, Bertolt: Gesammelte Werke in 20 Bänden. edition suhrkamp. Frankfurt/M. 1967 (TB-Ausgabe, textgleich mit SK I–VIII. Abk.: e.s. I–XX)

Brecht, Bertolt: Werke in Fünf Bänden, Hrsg. Werner Mittenzwei, Berlin (Aufbau-Verlag) [3]1981 (Abk.: Werke Mi.)

Brecht, Bertolt: Briefe 1913–1956, hrsg. und kommentiert von Günter Glaeser. Frankfurt/M. 1981 (Bd. 1: Texte, Bd. 2: Anmerkungen, Abk.: B.)

Brecht, Bertolt: Texte für Filme I–II. (Supplementbände zu 3). Frankfurt/M. 1983

Brecht, Bertolt: Arbeitsjournal 1938–1955, I–II. (Supplementbände zu 3). Frankfurt/M. 1974 (Abk.: A. J.)

Brecht, Bertolt: Schriften zum Theater. Über eine nichtaristotelische Dramatik. Hrsg. Siegfried Unseld. Frankfurt/M. 1957

Brecht, Bertolt: Mutter Courage und ihre Kinder. Historisch-kritische Ausgabe von Jan Esper Olsson. Lund/Frankfurt/M. 1981 – enthält in Synopse 4 Fassungen der MUTTER COURAGE nebst einer textgeschichtlichen Einleitung

Handbücher und Materialsammlungen

Brecht, Bertolt: Couragemodell 1949 – 3 Hefte. Berlin (Henschel-Verlag) 1958 – H. 1: Text; H. 2: Aufführungen des Berliner Ensembles und der Münchener Kammerspiele mit Szenenfotos; H. 3: Anmerkungen

Grimm, Reinhold: Bertolt Brecht. Stuttgart [3]1971 (Slg. Metzler) – enthält: Biographie Brechts; Bibliographien zu Einzelwerken; Probleme der Forschung

Hecht, Werner (Hrsg.): Materialien zu MUTTER COURAGE UND IHRE KINDER. Frankfurt/M. 1964 (edition suhrkamp Nr. 50; Abk.: Hecht, Materialien)

Knopf, Jan: Brecht. Handbuch Theater. Stuttgart 1980, S. 181–194

Lucchesi, Joachim u. Shull, Ronald K.: Musik bei Brecht. Frankfurt/M. 1988

Müller, Klaus-Detlef (Hrsg.): Brechts MUTTER COURAGE UND IHRE KINDER. Materialien Frankfurt/M. 1982 (Suhrkamp Tb. Nr. 2016) – Überarbeitung und Ergänzung der Materialsammlung von Hecht; hat leider einige wertvolle Materialien von H. nicht übern. (Abk.: Müller, Materialien)

Völker, Klaus: Brecht – Kommentar zum dramatischen Werk. München 1983

Biografien

Brecht, Walter: Unser Leben in Augsburg damals. Erinnerungen. Frankfurt/M. ²1985

Hill, Claude: Bertolt Brecht, München 1978 (ZTB 694)

Kesting, Marianne: Brecht. Mit Selbstzeugnissen und Bilddokumenten. Reinbek 1959 (rowohlt-monographien Nr. 37)

Weigel, Helene (Hrsg.): Theaterarbeit. Sechs Aufführungen des Berliner Ensembles. Dresden 1952 – enthält ausführliche Fotosequenzen aus den Berliner Aufführungen von 1949 und 1951

Mittenzwei, Werner: Das Leben des Bertolt Brecht oder Der Umgang mit den Welträtseln. 2 Bde. Frankfurt/M. 1987

Völker, Klaus: Bertolt Brecht. München 1976

Sekundärliteratur in Auswahl

Baumgart, Reinhart: Selbstvergessenheit. Drei Wege zum Werk: Thomas Mann, Franz Kafka, Bertolt Brecht. München 1989

Benjamin, Walter: Versuche über Brecht. Frankfurt/M. 1966

Berlau, Ruth: Brechts Lai-tu. Erinnerungen und Notate: Hrsg. von Hans Bunge. Darmstadt 1987 (Slg. Luchterhand Nr. 698)

Bronnen, Arnolt: Tage mit Bertolt Brecht. Die Geschichte einer unvollendeten Freundschaft. München 1960

Buhl, Barbara: Bilder der Zukunft: Traum und Plan. Utopie im Werk Bertolt Brechts

Buono, Franco: Bertolt Brecht 1917–1922. Jugend, Mythos, Poesie. Göttingen 1988

Eckhart, Juliane: Das epische Theater. Darmstadt 1983

Engberg, Harald: Brecht auf Fünen. Exil in Dänemark 1933–1939. Wuppertal 1974 (Original: Brecht på Fyn. Odense 1966)

Fischer, Matthias Johannes: Brechts Theatertheorie. Forschungsgeschichte, Forschungsstand, Perspektiven. Frankfurt a. M. 1989

Frey, Daniel: Rosen in finsteren Zeiten. Zur politischen Bildlichkeit bei Bertolt Brecht. Frankfurt a. M. 1988

Gersch, Wolfgang: Film bei Brecht. Berlin (O.) 1975 (Lizenzausgabe bei Hanser, München)

Grimm, Reinhold: Bertolt Brecht. Die Struktur seines Werkes. Nürnberg ³1962

Haas, Willy: Bert Brecht. Berlin 1958

Hecht, Werner: Brechts Weg zum epischen Theater 1918–1933. Berlin 1962 (Neuauflage 1976)

Hecht, Werner: Aufsätze über Brecht. Berlin (O.) 1970

Heinze, Helmut: Brechts Ästhetik des Gestischen. Versuch einer Rekonstruktion. Heidelberg 1992

Helmers, Hermann: Verfremdung als poetische Kategorie, in: Der Deutschunterricht (Klett), Jg. 20/1968, H. 4, S. 86–103

ders.: Verfremdung in der Literatur. Darmstadt 1984

Hinck, Walter: MUTTER COURAGE UND IHRE KINDER. Ein kritisches

Volksstück. In: Brechts Dramen. Neue Interpretationen, Hrsg. W. Hinderer. Stuttgart 1984

Hinck, Walter: Das moderne Drama in Deutschland. Göttingen 1987 (über Brecht: S. 100–115)

Ihering, Herbert: Bert Brecht hat das dichterische Antlitz Deutschlands verändert. Gesammelte Kritiken zum Theater Brechts. Hrsg. Klaus Völker. München 1980

Jendreiek, Helmut: Bertolt Brecht. Düsseldorf 1969

Kesting, Marianne: Das epische Theater. Stuttgart 1959

Kesting, Marianne: Panorama des zeitgenössischen Theaters. München 1962, S. 62–70

Klotz, Volker: Bertolt Brecht. Versuch über das Werk. Bad Homburg v. d. Höhe ²1961

Koch, Gerd: Lernen mit Bertolt Brecht. Bertolt Brechts politisch-kulturelle Pädagogik. Frankfurt a. M. 1988

Krabiel, Klaus Dieter: Brechts Lehrstücke. Entstehung und Entwicklung eines Spieltyps. Stuttgart/Weimar 1993

Luthardt, Theodor: Der Song als Schlüssel zur dramatischen Grundkonzeption in Bertolt Brechts *Mutter Courage*, in: Wissenschaftliche Zeitschrift der Friedrich-Schiller-Universität Jena. Gesellschafts- und sprachwissenschaftliche Reihe 7/1957–58, S. 119–122

Mann, Otto: Geschichte des deutschen Dramas. Stuttgart 1969 (Kröner)

Mayer, Hans: Anmerkung zu einer Szene aus *Mutter Courage*, in: Theaterarbeit, Hrsg. Helene Weigel, Dresden 1952, S. 249–252 (auch in: Müller, Materialien, S. 285–291)

Mayer, Hans: Bertolt Brecht und die Tradition. München 1965 (dtv)

Mennemeier, Franz Norbert: Brecht, *Mutter Courage und ihre Kinder,* in: Benno von Wiese (Hrsg.), Das deutsche Drama II. Vom Realismus bis zur Gegenwart. Düsseldorf 1962, S. 383–400

Mennemeier, Franz Norbert: Modernes deutsches Drama. 2 Bde. München 1973–75 (UTB Nr. 135 u. 425)

Mennemeier, Franz Norbert, u. Trapp, Frithjof: Deutsche Exildramatik 1933–1950. München 1980

Mittenzwei, Werner: Brechts Verhältnis zur Tradition. Berlin 1972

Mittenzwei, Werner (Hrsg.): Wer war Brecht?, Berlin (O.) 1977 (Sammlung von Aufsätzen aus der Ztschr. »Sinn und Form«; darin: Mittenzwei, Der Realismusstreit um Brecht)

Müller, Klaus-Detlef: Bertolt Brecht. Epoche – Werk – Wirkung, München 1985

Müller, Klaus-Detlef: Die Funktion der Geschichte im Werk Bertolt Brechts, in: Studien zur deutschen Literatur, Hrsg. R. Brinkmann, F. Sengle und K. Ziegler. Bd. 7. Tübingen 1972

Rühle, Jürgen: Theater und Revolution. München 1963 (dtv)

Rühlicke-Weiler, Käthe: Die Dramaturgie Brechts. Berlin (O.) 1966

Schöttker, Detlev: Bertolt Brechts Ästhetik des Naiven. Stuttgart 1989

Schumacher, Ernst: Die dramatischen Versuche Bertolt Brechts 1918–1933. Berlin 1955

Schumacher, Ernst: Brecht. Theater und Gesellschaft im 20. Jahrhundert. Berlin (O.) ²1975

Vellusig, Robert Heinz: Dramatik im Zeitalter der Wissenschaft. Die Fiktionen des Bertolt Brecht. Erlangen 1989

Völker, Klaus: Erinnerungen an Brecht. Leipzig 1964

Wagner, Frank Dietrich: Bertolt Brecht. Kritik des Faschismus. Opladen 1989

Wekwerth, Manfred: Arbeit mit Brecht. Berlin (O.) 1975

Didaktisch-methodische Literatur

Beier, Heinz: Grundkurs Deutsch I. Kommunikation, Rhetorik, Drama. München 1981 (Bayer. Schulbuchverlag)

Geißler, Rolf: Das Drama im Unterricht, in: Taschenbuch des Deutschunterrichts, hrsg. von Erich Wolfrum. Esslingen 1972, S. 362–376

Geißler, Rolf: Brechts dramatische Intention – Politisches Dogma oder politisches Forum? in: Wirkendes Wort 11/1961, S. 209–218

Mitschke, Maria: Bertolt Brecht. Das epische Theater (Erläuterungen, Tafelbilder, Arbeitsblätter, Folienvorlagen). München 1991 (pb-Verlag)

Pfeifer, Martin: Brecht im Deutschunterricht, in: Blätter für den Deutschlehrer (Diesterweg) 1987, H. 4, S. 97–105

Stocker, Karl: Die dramatischen Formen in didaktischer Sicht. Donauwörth 1972

Thiele, Dieter: Bertolt Brecht. *Mutter Courage und ihre Kinder*. Grundlagen und Gedanken zum Verständnis des Dramas. Frankfurt/M. 1985 (Diesterweg)

Thematisch relevante Beiträge in der Ztschr. »Der Deutschunterricht« (Friedrich Verlag in Zusammenarbeit mit Klett):

Werke	Jg.	H.	Seiten
Mutter Courage und ihre Kinder	10/1958	3	55 f.
	14/1962	4	12
	17/1965	3	86
			110 ff.
	18/1966	1	28 f.
Brecht-Bühne	17/1965	6	64 f.
Verfremdung	20/1968	4	86 ff.

Sonderheft zu Bertolt Brecht, Jg. 46/1994, H. 6 (enthält Aufsätze von Schlöttker, Krabiel, Sauer u. a.)

Zeittafel zu Leben und Werk

1898 Berthold (noch so) Eugen Friedrich Brecht, geboren in Augsburg als **Sohn wohlhabender Leute**.

1908/17 Realgymnasium Augsburg (**Zeit meines Eingewecktseins**).

1914/15 Patriotische Beiträge in den *Augsburger Neuesten Nachrichten*.

1916 Absage an Patriotismus und Kriegsbegeisterung in einem pazifistischen Schulaufsatz. B. entgeht knapp der Relegation. – Freundeskreis mit Caspar Neher.

1917 Aufnahme des Medizinstudiums in München.

1918 Einberufung zum Sanitätsdienst in einem Augsburger Seuchenlazarett. Das Gedicht »Legende vom toten Soldaten«. Erste politische Erfahrungen als Mitglied des Augsburger Soldatenrats. – Arbeit an *Baal*.

1919 Mitwirkung bei Brettl-Auftritten von Karl Valentin. Förderung durch Lion Feuchtwanger.

1919/1922 Theaterkritiker in Augsburg

1920 Tod der Mutter. – Arbeit an »Spartakus« (später: *Trommeln in der Nacht*).

1922 Uraufführung *Trommeln in der Nacht*/München. Ehe mit Marianne Zoff. – Kleistpreis. – Arbeit an »Garga« (später: *Im Dickicht der Städte*).

1923 Uraufführung *Im Dickicht der Städte*/München.

1924 Übersiedlung nach Berlin (**das kalte Chicago**). Beziehung zu Helene Weigel. Zusammenarbeit mit Arnolt Bronnen.

1926 Uraufführung *Mann ist Mann*/Darmstadt. – Marxismus-Studien.

1927 *Hauspostille* – Zusammenarbeit mit Erwin Piscator. – Scheidung von Marianne Zoff.

1928 Uraufführung *Dreigroschenoper*/Berlin, Regie: Erich Engel, Musik: Kurt Weill.

1929 *Lehrstücke*. Zusammenarbeit mit Paul Hindemith. – Ehe mit Helene Weigel.

1930 Uraufführung der Oper *Aufstieg und Fall der Stadt Mahagonny* von Brecht/Weill in Leipzig. Das Drama *Die Heilige Johanna der Schlachthöfe* (Uraufführung erst 1959).

1932 Uraufführung *Die Mutter* nach Gorki. Zusammenarbeit mit Hanns Eisler. Der Film *Kuhle Wampe*. Zusammenarbeit mit Slatan Dudow.

1933 28. Februar: Flucht aus Deutschland mit Helene Weigel, Sohn Stefan und der Mitarbeiterin und Vertrauten Margarete Steffin. Haus in Skovbostrand auf Fünen (**das fünische Strohdach**).

1934/1938 Arbeit an Dramen: *Die Gewehre der Frau Carrar*; *Furcht und Elend des Dritten Reiches*. Vorstudien und Entwürfe für *Mutter Courage und ihre Kinder* (belegt für 1938). – Beiträge für die Zeitschrift *Das Wort*/Moskau. Realismus-Streit mit Georg Lukács. Reisen nach Paris, New

York und Moskau (dort 1935 Bekanntschaft mit dem chinesischen Schauspieler Mei Lanfang). Zusammenarbeit mit dänischen Amateur-Theatergruppen. Freundschaft mit Walter Benjamin. – Beziehung zu Ruth Berlau.

1939 Übersiedlung nach Schweden in Erwartung einer deutschen Besetzung Dänemarks. – 27. September bis 3. November: Niederschrift MUTTER COURAGE UND IHRE KINDER. Vergebliche Bemühungen um eine Aufführung in Stockholm.

1940 Nach deutscher Besetzung Dänemarks und Norwegens Übersiedlung nach Helsinki. Fertigstellung der Dramen DER GUTE MENSCH VON SEZUAN; HERR PUNTILA UND SEIN KNECHT MATTI; DER AUFHALTSAME AUFSTIEG DES ARTURO UI.

1941 Ausreise nach USA über Sowjetunion mit der Familie und mit Ruth Berlau und Margarete Steffin, die in Moskau auf der Durchreise an Tbc stirbt. – Brecht nimmt Wohnung in Santa Monica/Hollywood. – 19.4.: Uraufführung der MUTTER COURAGE in Zürich.

1942 Arbeit an DIE GESICHTE DER SIMONE MACHARD. Zusammenarbeit mit Lion Feuchtwanger. Filmmanuskript HANGMEN ALSO DIE.

1943 Mit Thomas Mann und anderen Exilschriftstellern: »Erklärung zum politischen Schicksal Deutschlands«. Arbeit an SCHWEYK IM ZWEITEN WELTKRIEG.

1944 Arbeit an: DER KAUKASISCHE KREIDEKREIS.

1946 Paul Dessaus Musik zu MUTTER COURAGE.

1947 Vernehmung Brechts durch das »Committee of Unamerican Activities«. Rückreise nach Europa. Wohnung in Feldmeilen bei Zürich. – Der Essay KLEINES ORGANON FÜR DAS THEATER. Inszenierung der ANTIGONE-Bearbeitung Brechts in Chur. Freundschaft mit Max Frisch. Wiederbegegnung mit Caspar Neher und Therese Giehse. 22. Oktober: Übersiedlung nach Berlin (Ost). Wiederaufnahme der Berliner Theaterarbeit.

1949 11. Januar: Berliner Erstaufführung der MUTTER COURAGE im Deutschen Theater, Regie: Erich Engel/Brecht.

1949/1956 Theaterarbeit mit dem »Berliner Ensemble«, ab 1954 im eigenen Haus am Schiffbauerdamm. Aufführung der im Exil entstandenen großen Dramen. Neue Dramen: DIE TAGE DER COMMUNE; DAS VERHÖR DES LUKULLUS (nach Kritik der SED neuer Titel: DIE VERURTEILUNG DES LUKULLUS), Musik von Paul Dessau; MIT PAUKEN UND TROMPETEN nach Farquhar; DER HOFMEISTER nach Lenz; CORIOLAN nach Shakespeare; die BUCKOWER ELEGIEN.

1956 14. August: Tod Brechts.